> 王成先生
>
> 感謝をこめて
> 2000/Sept 27
>
> 大江健三郎

大江健三郎先生的亲笔题词。深表感谢。2000年9月27日。

小说的方法

[日]大江健三郎 著
王成 译

中央编译出版社

图书在版编目（CIP）数据

小说的方法／（日）大江健三郎著；王成译. —北京：中央编译出版社，2019.11
ISBN 978-7-5117-3532-4

Ⅰ. ①小…
Ⅱ. ①大… ②王…
Ⅲ. ①小说创作－文集
Ⅳ. ①I054-53

中国版本图书馆 CIP 数据核字（2018）第 008355 号

SHOSETSU NO HOHO
by OE Kenzaburo
Copyright © 1978 OE Kenzaburo
All rights reserved.
Originally published in Japan.
Chinese (in simplified character only) translation rights arranged with
OE Kenzaburo, Japan
through THE SAKAI AGENCY and BARDON-CHINESE MEDIA AGENCY.

小说的方法

出 版 人	葛海彦
出版统筹	贾宇琰
责任编辑	朱瑞雪
责任印制	刘 慧
出版发行	中央编译出版社
地　　址	北京西城区车公庄大街乙5号鸿儒大厦B座（100044）
电　　话	（010）52612345（总编室）（010）52612341（编辑室） （010）52612316（发行部）（010）52612346（馆配部）
传　　真	（010）66515838
经　　销	全国新华书店
印　　刷	河北下花园光华印刷有限责任公司
开　　本	880 毫米×1230 毫米　1/32
字　　数	120 千字
印　　张	7.125
版　　次	2019 年 11 月第 1 版
印　　次	2019 年 11 月第 1 次印刷
定　　价	38.00 元
网　　址	www.cctphome.com　邮　箱：cctp@cctphome.com
新浪微博	@中央编译出版社　微　信：中央编译出版社(ID: cctphome)
淘宝店铺	中央编译出版社直销店(http://shop108367160.taobao.com) （010）55626985

本社常年法律顾问：北京市吴栾赵阎律师事务所律师　闫军　梁勤
凡有印装质量问题，本社负责调换，电话：（010）55626985

目 录

1 文学语言和"陌生化" / 001
2 构思的各种层次 / 022
3 对于作者来说,文体是什么? / 042
4 活跃的想象力 / 064
5 读者与意象的分节 / 085
6 个体、整体与骗子的模式 / 107
7 戏仿及其展开 / 127
8 从边缘到边缘 / 148
9 荒诞现实主义的意象体系 / 170
10 作为方法的小说 / 191

怎样写?写什么? / 208
译后记 / 214
中央编译出版社版《小说的方法》译后记 / 218

1 文学语言和"陌生化"

我经常以语言为中心来思考人的问题,基于这样的思考方式,我意识到自己对于人持有一个基本值得信赖的观点。那就是相隔不同的历史时期,或者在世界不同的地方对于语言有着深刻思考的人终将达成一个共识,我为此而受到鼓舞。小林秀雄①立足于日本语的历史对语言进行了细致的考察,他指出:"利用我们所理解的'意识'这个词和宣长②所用过的'物'这个词,似乎可以这样说,和歌是意识最初遇到的**物**。我们可以认为宣长当初也是想这样说的"(小林秀雄,《本居宣长》,新潮社)。

---

① 小林秀雄(1902—1983):日本文艺评论家。以自我解析为中心确立了现代日本文艺批评。其著作有《形形色色的图样》《本居宣长》《私小说论》等。——译者注

② 本居宣长(1730—1801):日本江户时代中期的国学家。研修医学之余,致力《源氏物语》等日本古典的研究,提倡日本民族固有的美学理念"物之哀"(もののあわれ),以抵抑儒学的影响。——译者注

没有语言，意识是不可能进行思维的。意识遇到语言以后才开始清晰的思维。人类的语言可以分成两类。和歌是日语中典型的模式，即通常所说的诗化语言。我称之为文学语言，其他则为日常、实用的语言。从对和歌的思考中我们认识到，文学语言不单纯是传达意思的符号，而且还具备**形式**。构成**文学形式**的要素是声音和节奏。把这种**形式**变成散文里所说的文体就容易理解了。具备**形式**的文学语言通过其**形式**把**事物**的反应表现出来。我们的意识适用现实**事物**，同样，也适用于具备**形式**的文学语言。心中涌起诗情而吟唱歌颂时，就是意识作为诗歌的形式进行自我表现的时候。具备**形式**的文学语言比任何外界事物都具有一种作为**物**的感觉，它离灵魂最近。

这样，通过解读小林秀雄，我们被带到了俄罗斯形式主义者的身旁。相对日常的实用语言而言，具备对事物的反应力的拥有**形式**的文学语言是怎样被创造出来的呢？借用俄罗斯形式主义[①]的用语来说，它是靠日常、

---

① 俄罗斯形式主义（Russian Formalism）：是1915年至1930年在俄国盛行的一股文学批评思潮，其组织形式有以雅克布森为首的"莫斯科语言学学会"和以什克洛夫斯基为首的"彼得堡诗歌语言研究会"。俄罗斯形式主义反对俄国革命前处理叙述材料的传统方式，转而重视艺术语言形式的重要性，认为文学之所以为文学在于它的文学性，而文学性存在于形式之中。这里的形式主要指语言形式。俄罗斯形式主义的主张逐步影响到当时的各艺术领域。——译者注

实用的语言被"陌生化"而成为文学语言的。首先基于这一认识，其次，我想把为维克多·什克洛夫斯基①所下的定义作为统一的工具。这是各种层面上考察文学语言比较有效的工具。

什克洛夫斯基认为日常的语言，用我的说法是日常、实用的语言，在我们的现实生活中表现为自动的、反射性的语言行为。"如果我们想了解知觉的一般法则的话，我们知道动作是随着习惯而变得自动化的。所谓我们的习惯性的反应全都跑到无意识的反射性行为的领域中了。譬如，第一次拿钢笔或者第一次讲外语所体会到的感觉与反复一万次所获得的感觉比较的话，人们就会赞成我的说法。不能完整表达或者说半截话的散文化的**语言**法则可以通过这种自动化、反射化的过程来解释。用符号代替了**物**的代数就是这一过程的理想的表达方式。……

"在代数的思维方法当中，**物**是靠计算和空间来理解的，这一切我们看不到，只是靠最初的特征来了解其存在。**物**就像被包装后从我们的身边经过一样，我们只能利用它所占据的空间为线索来了解其存在，事实上我们所看到的也只是表面。受这种知觉的影响，首先**物**作

---

① 维克多·什克洛夫斯基（Viktor Shklovsky, 1893—1984）：俄罗斯形式主义学派的创始人之一，提出了"陌生化"的观点。——译者注

为知觉会变得单调，其后，知觉反而会对**物**的形成造成影响。像在日常用语里有些单词不能被完整地表达出来等问题（参照列夫·雅库宾斯基的论文），可以用这种散文语言的知觉法来解释。由此会产生一句到最后也讲不完整的话（表达错误也都起因于此）。**物**的代数化、反射化的过程可以最大限度地节约知觉的能量。**物**可以靠一个特征，例如号码来表示，或者，无需上升到意识，完全按照公式得以实现。"（新谷敬三郎、矶谷孝编译，《俄罗斯形式主义论文集》，现代思潮社）

什克洛夫斯基引用列夫·托尔斯泰的日记，提到日常生活的实际场合没有存留在意识中而成为过去的事物，即使可以回忆，也不能够再现，和不曾存在过是一样的。事物的一切，包括人自身，也包括人的内心世界起伏跌宕的一切，没有被意识捕捉到而消逝的话，对我们人来说，这样经历过的生活就不存在。"这样回到空无状态的同时，生活也就消失了。自动化作用吞噬了物、衣服、家具、妻子和战争的恐怖/'如果大多数人的复杂的生活全部在无意识中度过的话，他们的生活也就等于没有存在。'/因此为了恢复生活的感觉，为了感受**物**的存在，为了使石头像石头，艺术才存在。艺术的目的并非认知（узнавание），即，并非**认识**、**了解**，而是使人来感受事物，使之**清楚可见**（видение）。艺术的手法（лрнём）是把**物**从自动的状态下抽取的陌生化（остранение）的手法，是把知觉的难度加大、过程拉长的晦涩难懂的手法。知觉的过程是艺术的目的，因此有必要把过程拉长。艺术是体验**物**被创造这一过程的表达方式，一经创造出来的**物**，便没有重要的意义可言。"

看过什克洛夫斯基的观点，即**物**从知觉的自动化作用中获得解放，作为行为的"陌生化"的观点后，再回到小林秀雄的话语，便可以领会到他对和歌的论述就是关于"陌生化"的作用所创造出的"明视"的、作为**物**的反应这一观点。小林秀雄分析了本居宣长的语言观，他对于《石上私淑言》中"注视"一词的形成，通过分析提出了下面的观点。"思考之时，平常所见所闻之物停留于心，凝视突然发现之云霞草木，若仔细观察，则称思考为注视（ながむる），其时仔细观察亦为注视。其后，虽未必思考，唯仔细观察亦如此。"这段话是**注视**一词通过"陌生化"而形成"明视"的模式。同样的例子在《排庐小船》中也能找到，"今虽云注视，与近处看有所异，观乃字之神髓"。依靠语言创造出仔细注视、观察的态度，那就是文学表达的"陌生化"，通过"陌生化"清楚地映现在我们眼前的就是"明视"。

吟唱和歌曾经称为注视和歌。我们可以重新想起前面的话题，作为"陌生化"所表现的文学形式，小林秀雄把和歌放在日语的基础上去认识宣长的意识与**物**的关系。基于这样的经验，我相信对语言作过深刻思考的人，无论通时的还是共时的，都会到达一个相同的境地。

有关"陌生化"的方法论，我主要从语言和词汇的层面去作考察。"陌生化"有效性的广度包括从词语的层面到文学类型的层面，甚至超越了这一领域并散发着能量。什克洛夫斯基作为一个使用"陌生化"方法的高明的评论家对托尔斯泰作了评价。鲍里斯·艾亨鲍姆[①]同样认为托尔斯泰是一个彻底的"陌生化"手法艺术家。托尔斯泰是如何把一切都"陌生化"的？对于传统的思维方式，他是如何反复执拗地否定，反复强调事实不是那样而是这样，不断地实现"陌生化"的呢？"勇气并非如此表现出来的，人们并非可爱，也并非如此生活、思考，甚至死亡的。——托尔斯泰的整个源泉就在这里。对托尔斯泰来说，的确，破灭性的、不可避

---

① 鲍里斯·艾亨鲍姆（Boris Eikhenbaum，1886—1959）：苏联文艺理论家。他是20世纪20年代形式主义学派分支"诗歌语言研究会"的主要成员。他运用形态学方法对托尔斯泰进行了一系列的研究。代表作有《青年托尔斯泰》。——译者注

免的'并非如此'即将来临。也就是说艺术并不像人们描写的或思考的那样。从这个意义上来说，托尔斯泰实际上是一个把危机作为准则的人物，暴露、破坏的力量隐藏在他几乎所有的手法里"（B. M. 艾亨鲍姆著，山田吉二郎译，《青年托尔斯泰》，三铃书房）。

就艺术的体系范围来讲，艺术本身的"陌生化"存在于最彻底的地方。到达此处之前，从一个词语的"陌生化"层面开始细致地构筑一个层次，经过依次连续的下一个阶段，"陌生化"便形成了。因此，采用"陌生化"的方法论作为小说创作手法的人在现实的所有的创作过程中，都能够通过这种手法做到自我检验。同时，对他人创作的小说，也可以运用"陌生化"手法进行批评，包括从语言、词汇到整个作品的各个层面得到对其批评的契机。在此，我想分析一下，作为一个实际从事小说创作的人，我自己是如何运用"陌生化"手法的。

譬如说，我正在写一部小说。小说是由许许多多词句堆砌而成的。但是，在这一过程之前，自己的意识和无意识是互相重叠的，这里有一个给予或寻找词语的模糊构思阶段。首先在最初的层次上能够判断自己的构思是否被"陌生化"。本来，语言如果不写在纸上，一切就不会清晰。在书写词语、完成句子及组合句子构成段落、表达想象力这三个层面上，都可以问自己这一切是否被"陌生化"。

下面，我想实际分析一些其他的例子。正像这种"陌生化"的方法所表述的那样，关于小说方法存在许多有说服力的观点，它们都是从语言、词汇开始而面向文学艺术的整体，然后把它扩展，刻印在各个细微的层面，靠各个层面来发挥它的作用。小说是语言的有机结构体，这些有说服力的观点强调了小说的方法论特征，也显示出小说的结构特点。

就具备这一特点的文学方法而言，如果举例说明的话，那就是有关想象力、构思、文体及其用语。对于一个词句，我们可以确切地指出想象力在其中的作用。同时，也能够传递批评的信息，指出这个作家有无想象力。我们还可以对小说的整体进行概括，论述小说的文体。甚至可以说某作者毕生的文体如何。也可以论述这个词句是否存在文体或是否被风格化。

因此，重要的是把构成这些层面的能够涵盖其扩展意义的用语，从其意思内部按明确的层次分节，附加结构，避免混乱。分节这个词我会经常使用，发挥切割和连接这一语义的活力的同时，我将使用和语言学上不同的用法，即在多种层面上，把明确地构成一个整体的部分与另外的部分分离开来，并考虑到与整体的关联。譬如小说中意象的分节化是作为唤起想象力的手法。

我已经对自己使用的概念做了限定，例如对构思一词所做的限定。另外，也想对自己提出的其他例子，像结构一词，事先做解释。这对于弄清我已经使用过而未做任何解释的文学用语的意思是有帮助的。

研究伊始，我们首先需要选择语句，小说可以说是使人类充满生机的语言装置。研究小说的方法就是对这一语言装置的**结构**和作用进行研究。具体的做法就是结合各种各样的程序深入思考。对于将来计划写小说的人，其做法就是辨别、确认自己计划的结构。之所以这样说，是因为小说的方法形成了结构，而这种结构是多层面的。这种多层结构从整体上与人的知识活动是相吻合的。积累经验并深刻地认识对于将来的创作活动会更有效。不过，积累了许多小说创作经验的人并非全都达到这种认识。实际上，没有这一认识而创作出优秀小说的也大有人在。这就是小说这一语言装置有趣的特点。人们正是运用语言的表现形式挖掘了人类具体而深远的根源。

从读者方面来看，在小说读解的活动中，为了从整体上激活人生的各种要素，研究小说的方法是有用的。它同样会使小说读解经验结构化。"结构化"一词，如果换成最一般的说法,即可以称为读解的立体化,也可以说使读解更有深度。至少立体化起作用的基本阶段不会产生意思上的混乱。但是,如果这一作用逐渐复杂,那么,考虑构成多种层面的结构模式时,运用结构化这一概念会更有效。

创作小说的行为与阅读小说的行为之间并非给予者和接受者的关系。作为人的行为,两者的方向是一致的。作者与读者并非显示了把小说放在当中,双方相对而坐的结构。小说并不像单口相声演员在曲艺场面对观众时"榻榻米"上的扇子,或者教师在教室里面对学生时讲台上的讲义,实际上,作者是把小说放在自己和读者之间,与读者对峙。

作者的指向是尽可能地使人的各种要素整体化,并使整体充满生机。写小说亦应如此。这一指向或许是有意识的,或许是无意识的。即使是有意识的,实现目标的人经常会靠超越意识范围得到帮助。小说的读者也是沿着相同的方向走相同的路线。沿着小说中由语言构成的进程,指向整体化,读者会在其中激活自身人性的各个要素。

前面论述了以文学语言为契机的人性各要素的整体活性化。按照这一观点,把语言写下来成为文字的活动,与从写下来的文字读解语言的活动,都属于同类结构的活动。为了把作者和读者双方从各个层面具体地结合起来研究，哪些步骤需要考虑？那就是对具有各个层面、形成结构的小说的方法进行具体的研究。针对一部具体的小说，逐一读解所形成结构的各种层面可以使作者和读者都能明确地理解，文学是维系人类精神与身体活动的共同磁场。

对作者来说，在具体的小说创作过程中，把形成这一结构的方法意识化就是给予作品深度的方法。前面讲过，这是意识和无意识相互缠绕过程中，由人创作出的小说所具有的、有趣的性格之一。即使对结构方法无动于衷，同样也能创作出优秀的小说。但是，这种情况是因为在小说方法层面，无意识代替意识发挥了更大的作用。而通过语言这一小说的媒体，意识和无意识都能做出充分的贡献。

小说结构方法的读解，即所谓读解小说经验的结构化，贴近小说作者的精神和肉体，也就是阅读小说和创作小说是朝着相同的方向进展，那么，阅读小说与写作小说过程的结构化就是相互重叠的。我曾经论述过这种观点，可以说它能使读解经验立体化，还可以说给读解增加了深度。我并没有把结构和结构化这些词直接与结构主义联系起来用。我想回到语言根本意义中的"结构"上来。

所以，在研究小说的方法时，我想再次从各个侧面论述结构化或附加结构的表达方式，这比立体化、增加深度的说法有更充分的理由。作者使许多层面分节化，靠这些层面组合成新的结构，然后读者读解这样的结构。作为这种行为的结构化能够包括所有形式的立体化的文学表达形式。当然，立体化这个词具体而且说服力强。但是结构化一词可以涵盖立体化涉及不到的地方。而且，容易解读的立体化和难以解读的立体化，放在结构中的浅层和深层，还可以从最浅层到最深层之间，区分为几个层表示，这样，拓宽了处理复杂事物的途径。

在日常生活中，"深度"一词比"结构"一词更具感染力。但是逐一把具有深度的扩展分节化，然后标出层次，并按每个明确的层次来探讨这一深度的构成和实质时，相比之下，还是"结构"一词会发挥更广泛的作用。基于这样的理由，我打算采用文学方法中的"结构"或"结构化"一词。

小说方法的结构或结构化的说法结合了把小说看作语言构造的观点，而语言构造可以激活人的所有要素。这种语言装置式的小说的结构方法已广泛被作者和读者认同。这也是我们今后将探讨的对象。

我前面论述的具备结构或结构化特点的用语，可在词句层面上使用。这种具备结构化特点的语言，我称为文学语言，而俄罗斯形式主义者称为诗化语言。肯尼斯·博克①称之为**战略性的、风格化**的语言。语言是靠这样的特性被赋予了结构，从本质上它区别于日常、实用的语言。它所导致的"自动化作用"，不仅仅是传达意思的符号语言，而且具备包括声音和韵律的**形式**。从这一点来看，文学语言也被赋予了结构。在文章段落的层面这是非常清楚的，在具备文体性质上，同样，也被赋予了结构。这一性质与博克的**风格化**相互呼应。而且，被分节的某段文章中，这些词语和文句被赋予独特的含义与特征，传达原有的意义。一经唤起原有的想象力，这些词句就不再是中性的，而带有**战略性**意义。

"假使你问我'他说什么了？'于是，我回答'他说是的'仅仅这句话你不会明白他到底说了什么。要想知道，就必须事先了解这句话被表达时的状况，在这之前说的是什么。/可以说批评与创作是对于相关状况提出问题的解答。并且不是单纯的解答，是战略性的、被风格化的解答。这是因为，单是回答'是的'，饱含感情说'是的，托您的福'和'是的，真没办法'的'是的'的说法，无论从文体上还是战略上都不一样。

---

① 肯尼斯·博克（Kenneth Burke，1897—1993）：美国著名文艺理论家、修辞学家。——译者注

因此，我想首先提出战略和状况在实际运用上的区别。我们认为诗——我把与评论或与创作有关的全都叫作诗——就是为了包围各种状况而采用的战略。这种战略就是'估计'各种状况，并给予恰当的能显示其结构特征的名称。当然，命名过程中也体现着命名者的态度。"（K. 博克著，森常治译，《文学形式的哲学——象征性行动的研究》，国文社）。

我所说的文学语言，其出发点在语句的层面，本身不可能是中性的，在句子、分节后的文章中更不可能是中性的。它在内部具备一个结构。而且，具备结构的词与词的结构性关系，能独自作为**物**的反映，并具有方向。这样可以称为"陌生化"，就是博克所说的**风格化**且具有战略性的句子。当这样的句子用来描述作者所处的状况时，用文学语言表达作者处理这一状况的态度就非常重要。文学语言中具备这样一种能力，那就是作者面对社会、世界、宇宙扩展的结构性现象所采取的态度，这一点已从词句层面上显示出来。

通过人类使用语言的历史以及现代语义的延伸，文学语言从历史到现实被赋予结构。一个词、一个句子、一段文章或与其历史背景积淀的表达方式产生共鸣，或与围绕它的同一时代的表达方式产生不谐和音，为此，文学语言具有深度，不再单纯。也就是说它具有结构。譬如外国军队占领期间结束后，经常有人指出冠冕堂皇的"合作"一词已经失去了原义。当今日语表层的转换速度非常快，但是，一段时间如果我们顾及不到"理性"一词的讽刺意味，就不能作为文学语言来用。在现代史上的每个短暂的时期，"环境""机械""生命"之类的词，每当被提到都会显示出复杂的词义偏差，所以，在这一综合背景下，现在把这些词作为文学语言纳入自己的作品中的时候，作者对社会、世界、人生甚至宇宙事物的结构性的看法，便暴露无遗。

如此论述文学语言中的各种关系时，作者也许会利用词语所包含的结构唤起读者的注意。然而，表达者对于文学语言的态度原本是积极的、能动的。把语言风格化，使其具有战略意义靠的是表达者与接受者在语言方面的想象力。但是，表达者和接受者共同拥有的文学语言的积极性、能动性是怎样开拓出来，又将如何保持下去？

语言活动多属于无意识思考的层面，语言学家是这样讲的。从一个时代的语言活动的母体里，文学把二次性的母体即文学语言的母体重新隔离出来。我是这样想的。一个时代的语言活动的大的母体总体是无上限的。反过来说，把网撒向无底的大海似的母体，圈出一个范围。这样被圈出来的二次性的母体是表达者和接受者共同拥有的文学语言这个母体。对创造文学的人和享受文学的人来说，第二个母体具有特别浓厚的意义。共同拥有这一浓厚的感觉构成了一个时代文学表达的基础。

创造文学的人希望把同一时代的文学水准从停顿状态中解放出来。他们个人也希望成为一个新的作家。为此，必须扩大并且搅动划分出来的第二个语言活动的母体。引进新的语言，让古老的语言焕发生机，使整个语言充满活力。把自己的文学深深地植根于这一语言的母体当中，使之根深蒂固。要达到这一目的，还要和文学接受者共同协作。

为了使这个文学母体不断壮大、充满生机，作者还要从不同领域语言活动中接受许多新东西。作为一个运用语言工作的人，其他领域的专家们为了达成把他们的专业用语翻译成共通的语言的目标时，表达本身就是一种直接的刺激。来自不同领域的语言与文学语言相比，更具有生机与活力。

文学要理解和表达人是什么，我们的时代是什么。你可以认为是一种模式化表达，文学创作的过程中，理解和表达构成了一个整体。对于表达的结构性部分进行方法论的思考，对文学作者来说就是认识他自己。就是不断地理解和表达人是什么、他所属的时代是什么的过程。由此，作者的目标是获得综合性与整体性。为了理解、表达综合性与整体性，作者必须首先把自己从封闭的**个体**中解放出来。作为实际的方法，必须重视通过语言表达，从和文学接壤的各个不同的领域来激活构成文学母体的语言。这种时候，从文学方面需要注意的是要把来自不同领域的语言结构不加歪曲地放进文学语言的母体里。

仅仅做这些的话，来自不同领域语言的刺激就是单方向的。尽管文学需要其他领域的存在，但是，反过来说，这种关系就不成立。从逻辑上来讲，这种单向性思维距离文学无用论只有一步之遥。然而，只要发挥文学语言的结构性特点，从文学这边向不同领域"还礼"是有可能的。

任何不同领域的语言都是如此，文学语言把具有表现内涵成分的结构性格完整地采纳进来。它是一个有很大潜力而且灵活的母体。全面地从不同领域语言中汲取营养是能够做到的。这样，文学自身才能焕发生机，同时代的丰富多彩的知识就会完全展现出来。我期待着经过一系列的努力，文学会给肩负时代重任的不同领域的人们带来刺激。这就是对文学回报不同领域的期望。

不过，作为一个工作在文学领域的人，我认为这一前景并不容易实现。原因在于不同领域的人在其语言背后建立了方法，通过其构筑过程可以清楚地看到内涵深刻的语言，而在文学领域，还很难说有一个明确的依靠方法论建立起来的语言结构。

例如，同时代的建筑师立足于本专业先进的方法论而展示出今日文明的坐标，语言也是一样的。于是人们觉得把这一语言引进到文学领域代替文学语言是容易的。然而，这一语言一旦进入文学的具体结构中，它能有机地发挥语言自身具有的独特的结构吗？现有的结构和引进的母体结构能形成鲜明的对比吗？如果不是这样，就如同把建筑师雕琢方法的工具丢到像泥泞路一样的文学场地上去了。

这样看来，文学与建筑之间以语言为中介的创造性关系并不成立。因为，不是以封闭在专业以外的符号，而是以共通的语言为中介，二者的关系变得模糊起来，甚至连建筑师的方法都变得不明确了。结果，建筑师方面对文学的怀疑更加明显。这样的情况在许多领域难道不是已经发生了吗？

文学的领域是语言专家或者语言技师的领域，这里总是频繁地引用其他领域的语言，却无视其方法的深度。经常可以看到从方法上不顾其被创造出的意义结构而滥用其他领域专业语言的现象。其结果就是这些语言中新被激活的方法上的结构遭到破坏。构筑起来的具有深度的结构被压碎，语言变得呆板，内容变得混乱。其他同领域的专家们为此怎能不对文学产生怀疑？本来，文学语言是要把这种语言的**形式**和结构变为表面化，是活生生的语言，文学类型也应该是为它存在的语言装置和**结构**。

如果把焦点集中在日语文学上的话，从这种主要状况的表现可以看出，文学自身方法化的衰弱和对于这种衰弱的无动于衷。评论小说时，不管是短篇还是长篇，都是把阅读后的片面印象与人生观方面的感想重叠起来叙述。或者是结合意识形态来论述。这样的文章一直被看作文学批评，我把这种现状称为方法上的贫乏和无视这种贫乏的傲慢。

对于想要把握和表现"人是什么"的文学，进行韦勒克和沃伦所说的二次性创作，即进行"无意义的复写，或者多数情况下只进行把一个艺术品改成更低劣的艺术品"的操作，而把人生论一样的感想与其重叠，那很容易，其言论也容易为一般人所接受，然而，这到底是不是文学批评？对于想要把握和表现同时代是什么的文学，在进行同样操作的基础上，结合意识形态性的感想展开自己的认识，也只是显得有权威，这是文学批评吗？（R. 韦勒克、R. 沃伦著，太田三郎译，《文学理论》，筑摩书房）。

就文学而言，其独自的语言活动中产生的语言，从词句的层面到作品整体的层面，在弄清各个分节点的基础上，立足于其连续性，以理解作者的认识、表达的方法和结构，并且把文学语言的结构作为方法来掌握。由此，我把按方法论去读解的全过程叫作文学的方法论。阅读一部贯穿方法论的作品时，才会明白其作者对待人和时代的态度。只有此时，作者的精神和感情活动才表现出与其他领域专家一样，拥有自己的方法论，对待人和同时代采取的态度是相似的。只有这样文学才能真正地参与到各个领域去共同合作。

当然，文学领域的人在与其他领域合作时所发挥的作用，不能单纯从给予知识的方向思维，否则，也会使这种作用贫乏无力。本来，文学语言是把多面性和多义性作为其主要的性格。从文学领域到其他领域去共同合作时，甚至应该更多地体现**非理性**的效果。即魔术师和阿尔莱基诺型滑稽小丑的表演方法是赋予文学领域语言和文学表现语言特征的最极端的一例。

文学对于与各不同领域专家的知识合作，要有意识地承担小丑式的中介者和媒介者的作用。不仅要构筑实现这一作用的方法，而且要经过分节，扩大文学自身方法上的结构内涵。文学依靠不同领域的刺激进行自身改革的过程中，将实现最有实质的飞跃。它与文学领域和文坛内部的持续萎缩的印象批评以及与此同病相怜的意识形态批评的封闭而保守的态度是背道而驰的。这是面向开放的飞跃。与封闭的贤哲相比，开放的小丑主宰文学领域，必将展现一个创造性的前景。

这样，作为一个在方法论上占有主动地位的小丑，以各种不同领域为媒介使文学贯穿而超越周围的艺术领域，最终将会在各个科学领域面前显示其自身的存在。譬如，以生命科学为核心，即不损害各自语言的结构，科学家与文学领域的人面对面交流的话，那会具有深远的意义。首先要开始从方法上确立文学这一语言表现的结构。

2 构思的各种层次

当作者打算创作一部新的小说时,最初的行为就是把语言写在草稿上。在选择这些语言的层面时就已经存在称为构思的精神和情感活动。最初的阶段文体风格与作者密不可分,从文体风格中可以感受到作者的呼吸节奏。甚至可以说构思这一形式已经存在于作者精神和肉体的活动之中。

在词语的层面上进行构思的过程中,早已出现结构化的问题。这里存在着几个词之间的对立、竞争运动。这一对立、竞争过程产生的语言内涵成为文体的要素。当选择下来的词被写在纸上,构思本身的活动就更加具体、鲜明。那么,如何否定、超越记录下来的语言呢?从词语 a 到词语 a′ 再到词语 a″……然后进入到词语 a‴ 的过程中,存在着向前运动的支点 a、a′ 和 a″,它们发挥了重要的作用。这里,我想使用"构思"一词来弄清作者内心世界的一系列活动。

我不单把"构思"一词用于基本词的选择，或者靠自我肯定的方法去展开一系列过程。而是把有关意象的结构、文体的**构造**、一部作品或总体风格所有层面可以考虑的问题都从构思这一视点来把握。这是因为从构思的角度思考时，作者可以得到超越自身、迈向新的自我的方法。

开始写小说时，选择一个词、一个词组、一个句子写在纸上。在这之前，意识与无意识相重叠的地方，有一条通往词、词组和句子的途径。它同时构成了实际写下的词、词组和句子的内涵及结构。虽然选择了一个词、一个词组、一个句子写在纸上，但是，又得否定而超越它，然后，选择下一个词、词组和句子。就像锁链一样，展开一系列文学思考。我想使用构思这一方法具体地弄清文学思考的一系列过程。不管作者是否有意识地思考（实际上每个人都经历过这种体验），我都要把构思这一用语当作前提，使这一过程意识化。

虽然，常见的基本做法是把握构思的角度，但从经验来看，这是非常重要的。小说的创作过程中，通过自我否定超越自我的时候，从单纯到复杂，在所有分节的层面上，追问自己如何沿着这一层面构思，这对于从正在创作的作品中把自己的意识和无意识暂时分离，把自己与作品同时客观化是行之有效的。

一般意义上，"构思"一词大概是英语里的"conception"的翻译。这个词还有怀孕的意思，按照语言这一结构体的有机含意展开来理解，意味更加深远。所谓怀孕就是把精子放入母体内，使其与母体内的卵子结合，让人体怀孕。母体内孕育着胎儿是肯定的，但是，胎儿自身也有生命力，那绝不是孕妇本人所能控制的。怀孕中的胎儿把孕妇推上生命的危机边缘也是经常发生的事。

从这样的意义层面来看，小说构思这一行为本身的特性也重新受到关注，小说创作中的各个层面的构思以及被构思出来的情节在发展过程中同时存在着能被意识化和不能被意识化的因素。构思的确是由作者进行的，但是展开构思时，作者本身也被客体化，到达极限的时候，作者主体甚至也会陷于危机状态。

下面通过一个典型的事例来理解和探讨构思这一方法，我想选择罗伯特·穆齐尔的《没有个性的人》（*The Man Without Qualities*）作为文本。1902 年，穆齐尔开始构思这一鸿篇巨制，1930 年出版了第一部、第二部的第一卷。我们将论及的第三部《进入爱情的千年王国》["Into the Millennium（The Criminals）"] 在 1933 年出版了一半，续集直到 1942 年作者去世时才完成。作者不断推敲的遗稿中,可以分为暂定稿、未定稿和草稿。通过对比定稿、未定稿、草稿,分析小说创作中的各个不同分节点的章节,可以看出作者的构思过程以及每个构思层面上他的精神和情感世界(想表达的情感甚至扩展到肉体)是如何运作的。我们从这一深深打动读者的小说中得到了极其丰富的例子。(高桥义孝译,新潮社)

在《没有个性的人》的第三部里,作者把主人公乌尔里希(Ulrich)和他妹妹阿加特(Agathe)的乱伦爱情的发展作为主题从正面提了出来。正像第三部所加的副题《犯人》表现的那样,作为另一个主题,还存在着一个粗野的性犯罪者和决心拯救他的知识女性的故事。在此,我想通过定稿、未定稿、草稿,按照每个分节点来分析兄妹乱伦的构思以及靠"爱实现个人永恒的千年王国何等困难"这一构思是怎样展开的。因为通过这样的追踪可以得到一些为这一主题提供的线索,即小说中各种层面的构思尝试是怎样进行(或者中途受挫)的,而且,又是怎样与认识、表现同时代的世界这一小说的最大终极目标相关联的。

青年乌尔里希在父亲去世之际离开了前两部小说的故事舞台——首都维也纳,回到小城镇自己的家中,与久别的、几乎忘却了的妹妹重逢。对于作为《进入爱情的千年王国》的故事开端的这个场面，穆齐尔进行了方法上的构思，在定稿中想尽办法实现了这一构思。这一构思是以乌尔里希穿着自己房间里已经准备好的睡衣去见卧室里的妹妹为中心。穆齐尔和作品中的人物都把睡衣看作"滑稽小丑的服装"。滑稽小丑这一主题的"陌生化"始终贯串在后来的乌尔里希和阿加特的爱以及难以实现的爱情故事里，使其带有这一特征。穆齐尔的构想是用妹妹也穿着同样的睡衣与久别的哥哥相会来补充。小说这样写道，"她穿着柔软的灰色与褐色相间的条形花纹衣服，高高的个子，长着一头金发，乍看上去相貌相同的两个滑稽小丑相对而立。'我不知道咱俩是双胞胎'，阿加特说。她的脸上充满欢乐"。然后，兄妹俩去看父亲的遗体。穆齐尔是这样描写的，"就像两个滑稽小丑笔直地站在死者的面前，注视着死者一样"。把"小丑"这个词与死亡这一严肃的概念相对比来加以强调。

兄妹之间以此为契机萌发了新意义上的爱情。乌尔里希为"妹妹是他自己梦幻般的再现，是自己的变形"的想法所困扰。乌尔里希必须对情妇妹妹尝试着解释这一特殊爱情的性质。这是妹妹追问他时的描写，"'你明白吗？'乌尔里希回答道'我们要进入千年王国'。/'那是什么地方？'/'那不是小河流向的去处，而是像大海一样的地方。对于创造有形的爱情,我们以前曾经谈过许多吧!……'/'……这样张开我们的五官,无论面对人类还是面对动物都将没有隔阂,我们已经不能做我们自己,我们应该认识到只有成为世界的一部分我们才能够活下去!'"

无论赋予怎样的意义,作为具有现实性的文学构思,充分表达乱伦是很困难的。妹妹在乌尔里希的构思的影响下,渴望实现、又拒绝近亲通奸,在混乱当中做了一个痛苦的白日梦。"她的四周似乎有滑稽演员认真的面孔和奇特的乐器。"受这种意象的影响,回忆起那个命运中重逢的日子里穿着小丑衣服的哥哥,阿加特哭了。她问道"'为什么我的梦偏偏和哥哥连在一起呢?'而且,突然真地哭泣起来。为什么哭呢?除了由于发自内心的喜悦而哭泣,她无法解释。"

这样,在维也纳开始一起生活的兄妹最初有了一次奇特的肉体意义上的接触,这像敏感地确认肉体意义的仪式。作为近亲通奸前兆的场景描写如下:(这一阶段,文章介于定稿和未定稿之间,表现出还在变化的构思过程,已经属于作为遗稿留下来的部分。)

"……围绕阿加特和乌尔里希像幽灵一样飘荡的'不可能的事'反复出现,什么都没有发生,而确实又都发生了。"下面这段话描写的是兄妹为去参加晚会做准备，哥哥帮助妹妹更换华丽服装时发生的事。"乌尔里希站在她的身后。他看到了她的头、看到了她的脖颈、看到了她的肩膀和近乎裸体的后背。因为抬起膝盖，身体有些倾斜。由于行为紧张，脖颈上突起三道纹路，像三枝利箭一样，穿过透明的皮肤，柔和而愉悦地飞驰。从瞬间弥漫的寂静中产生的这一影像诱人的立体感脱离她的轮廓，转移到乌尔里希的肉体中。因为转移太唐突、太迅速，这个肉体离开自己的位置，虽然不像迎风飘扬的旗帜那样无意识，也并非经过深思熟虑，偷偷地靠近弯曲着身子、用脚尖站立的女人，冷不防温柔而粗野的把牙齿贴近了三枝箭中的其中一枝。接着便用手臂抱住了妹妹。然后，乌尔里希的牙齿细心地离开被袭击的女人。用右手摁住她的膝盖，左手使她的身体压到自己的身体上，同时脚跟用力一弹，他和妹妹一起跳了起来。阿加特吃惊地大声叫起来"。

这件事发生以后，阿加特批评哥哥像一个"月亮附体的小丑"，兼顾我前面的引用，尤其需要注意的是作为每个场面的构思"陌生化"的契机，小丑的要素被引向实现近亲通奸这一遥远目标的各个层面。人类文化学家山口昌男孜孜不倦地致力于把滑稽小丑尤其是把小丑阿尔莱基诺引进到文化领域，试图激发日本人新的知识活力。

小丑推翻了世界现存的秩序，发挥了使上下颠倒的作用。同时，也发挥了把天和地一样相距遥远的两个事物结合在一起的作用。这是一种具有宇宙论广度的中介者、媒介者的作用。山口昌男指出在小丑神话中，阿尔莱基诺这个丑角的始祖是赫尔墨斯（Hermes）。这使我联想到托马斯·曼的《骗子菲利克斯·克鲁尔的自白》（Bekenntnisse des Hochstaplers Felix Krull der memoiren ersterteil）中经常提起的那个周游世界的小丑克鲁尔把赫尔墨斯被当作小偷的守护神的例子。回到穆齐尔的作品，从前面引用的乌尔里希和阿加特的爱情在重要的分节点上兄妹跳起来的情节，可以看出这里具有小丑的行为特征。小丑阿尔莱基诺之所以能够轻松地翻跟头，是因为他被描写为脚后跟长着翅膀，能在天空飞翔，身上拥有赫尔墨斯神的血统。

穆齐尔为什么把滑稽小丑的要素作为构思的中心特别引进这些场面呢？因为表达通过近亲通奸建立爱情的千年王国是非常困难的。这一定是需要一种可以依靠的武器或有效的文学方法。近亲通奸放在神话世界的背景上来看，很容易理解，但是，毫不隐讳地从宇宙观上来看，大概是人类颠倒现实世界的秩序，使光明与黑暗交替，把天上的世界拉到地上的这样一种行为。作为大规模转换的中介者、媒介者，小丑阿尔莱基诺协助作者实现了小说的构思。

我并不认为穆齐尔事先从神话学的观念出发，发现这里存在着滑稽小丑的要素，然后把它引进到兄妹的场面，以此来"陌生化"这些意象。作者在小说创作的最初，有一个困难的构思，那就是按自己的世界观、美学观试图刻画实现近亲通奸的乌尔里希和阿加特的人物形象。然后，为实际表现，去逐一选择语言，组织意象的结构。在语言、文章、意象结构层面的构思上，小说的进展并不顺利。在自己创作小说这个大范围的构思当中，不能超越语言、文章、基本的意象结构这一层面的构思过程。于是，重新把临时写下的语言、组合这些语言的句法和来自云雾深处浮现出的意象作为否定的媒介，来探索下一段落的语言、文章及意象的结构。

在一系列的（同时进行分节化的）创作过程中，小丑的要素完整地表达出来。而且，这样表现出的滑稽小丑的要素立刻被创作中的穆齐尔意识化，直接发挥通往无意识的桥梁作用，作为有效的结构素材，以实现兄妹之间近亲通奸这一更宏大的构思。

前面引用的最后的一个场面来自遗稿的一部分，但是，穆齐尔生前曾经反复推敲，几乎接近定稿。尽管透过译文，但穆齐尔的文体风格已被充分地展现出来。迷人的妹妹所具有的**立体感**，转移到哥哥的内在之中。这一主题表现了乌尔里希具有独特的感觉方式，妹妹被当成**自恋**的对象，并反复出现。如此令人感受到了内部结构的奇怪的意象，语言叙述与意象一致，不多也不少，与文章本身完全吻合。在肉体的现实世界和意识与无意识的世界中，像两栖类动物般游动的意象式语言显现在文章中。独特的文章是有意识地构思而写成的，不可能是现成的。

文章最初的阶段是一个模棱两可的模糊轮廓，文章是在堆砌或不断地删除语言的过程中逐渐实现的，这样，文章的结构内部包含着创作过程。这是一个从每个词、短语、句子的构思和文体的构思，然后到由几行句子分节的意象结构的构思过程。也可以说，结构的脉络就是这个特殊的句子具备的文体。正是由于这种重复的手法，穆齐尔的小说才具备独特的、不可思议的、近乎于爆发性的呼唤力。同时，即使穆齐尔毕生勤奋写作，而完成整个小说的时间也是一般人的寿命所绝不可能达到的。因此，小说未完的悲剧也就发生了。

最后引用的那个意味深长的场面中，实际上并没有实现近亲通奸。正像小说的表达难以实现一样，前面刻画出意义深远的场面之后，围绕这一主题描写兄妹的遗留文稿全都是草稿。虽说是草稿，但是记录下来的语言和意象的表现不愧是穆齐尔高超之处。不过，仍然不能说语言是充分而固定的，作为意象的结构充分得到"陌生化"。我提出的假说——即从语言到语言的构思阶段以及穆齐尔独自推敲中构思的扩展来说，《没有个性的人》中的意象和文体已经实现，这难道不是从相反方面证明了这一假说吗？

接下来，对于近亲通奸的主题的表达，我要引用未定稿、草稿中涉及有关问题的部分。接续前文《梦》的草稿部分的内容，我要特别强调并希望人们关注**草稿**。"过了一会儿，梦似乎又开始了。她又一次离开了自己的肉体。接着马上见到了哥哥。她一丝不挂躺在床上。两个人注视着这个姿势。这个灵魂出壳的身体的阴毛象大理石上小小的金黄色火焰一样燃烧。二者之间没有你与我的区别称呼，所以，这种三位一体并不奇怪。……阿加特立刻明白了'这就是很久以前我们谈论到的完美的爱。'"

在文章的构思阶段中，既需要对一个分节的段落进行构思，也需要对文章的段落进行总结，所记录下的**正是很久以前我们谈论到的完美的爱**。我们可以就其写法进行思考。对这样一段文章，按着句子的语法逐个从词语的层面上进行构思时，最后的一行文字不是解释性的，而是记录下来的，并不是在前面就充分组合好的。脱离梦和身体的意识、自己赤裸裸的身体与阴毛以及注视这一切的眼睛，这一切形成三位一体。意象结构的素材已经具备，目前的文章已经构成分节的场面，可是，穆齐尔却说这还只不过是草稿。的确，这个草稿中既有体现反复构思、不断超越构思过程的句子，也有超越之前就停顿下来的、像战死者的遗体那样的遗留未完成的句子。对穆齐尔来说，如果有充裕的时间，把这样的文章作为否定的媒介，就会成功超越的，这一构思的契机的确是存在的。

下面所引用的是穆齐尔**初期草稿**和**习作**及附注的记录片断，它显示出面对近亲通奸这一难以表达的主题，在紧张的情况下，作者是怎样尝试各种构思的。这是一段描写兄妹在体验近亲通奸之前痛苦而犹豫的行为记录，作者也同样在构思过程中体会到了主人公的痛苦。"他看到了盛毒药的杯子，什么都没问。他不知道。她的兴奋直接传染了他。他拿起了杯子问：'是两份儿吗？'阿加特从哥哥手中夺过杯子——喊道'我们不能自杀。我们什么都还没有尝试过！'……他拥抱了妹妹。/或者……一种行为、一件事将结束！他说已经筋疲力尽了。他对自己的行为感到吃惊！/作为更好的方案……"。这个草稿上记录下了初期构思的探索痕迹。作者为了发展构思，一边具体地记下语言，一边把自己实际写下的东西作为否定的媒介。从**或者，作为更好的**

方案这样的词语中，我们似乎能够听到作者工作中的叹息声。这正是想要不断超越自我、向前迈进的作者的叹息。

实际上作为近亲通奸的文学表现的叙述，只能在称为**初期草稿**的创作过程中才能实现。俄罗斯形式主义者用一个叫作"技法的表面化"（dénudation）的词来表示方法论的观点。对于下面引用的各个记录片断必须指出：记录这些片段过程的每时每刻的构思形式毫不掩饰地展现出来，甚至令人心痛。技法完全明显地暴露在构思的探索过程中。

"到达旅馆后，二人被错当成年轻的夫妇安排在德国已经不时兴的带双人床的漂亮房间里。二人并没有拒绝。（身体的疲劳一旦消失，就会强烈地寻求原始的幸福……和逾越雷池之前的剧烈的紧张感相比，这算不了什么。……/必须是这样一种的形式，双方永不满足的痴迷，彻底弄清了充满性的变化的几个过程）。"

括号中的部分是穆齐尔为了提示自己而做的备忘录。这里赤裸裸地表现出来的构思的精神和情感的能量令人感动。接着我联想到下面一些记录片段，把它联系起来读会更有意思。

"二人头一次来到街上。（因为无止境的肉体的愉悦而疲惫不堪，但从脸上的表情可以看出，他们很幸福)"。"乌尔里希和阿加特感到一种也许是悲哀的幸福。自己是为了体验非凡的生活而被上天选择了的兄妹。这个使二人鼓起勇气的信念把二人从悲哀的泪水中挽救过来"。"尽管二人的灵魂要端正自己的行为,身体却似互相寻求温暖的动物一样追求对方。这样,奇迹在二人身体中发生了。分不清是乌尔里希突然进入了阿加特当中,还是她进入了他的身体里"。"她的身体轻巧自由地活动。如同飘在空中一样"。"阿加特因为极度的幸福而哭泣起来。他们的身体剧烈地运动着,二人独自生活时的回忆像乳香粒掉进了甜蜜的爱情火焰中,燃烧殆尽。这是二人完全合为一体前的美妙的瞬间"。

二人完全合为一体或者下文所引用片段中的**雌雄同体**,这样的意象结构构思只有在把作品的细节与整个作品的结构结合起来构思时,而且,只有在**初期的草稿**中才可能做到。如果这一作品顺利完成的话,这一切就会作为有效的否定性媒介物受到高度评价。这样的构思是作者超越自身所需要的。一旦作品完成的话,这样的初稿就会被撕毁扔掉。我们偶然能够从穆齐尔的草稿里看到时,它为我们揭示了许多作者在创作活动中各个层面的精神与情感运动的构思。

"他不能明确地固定这种体验。喜悦变为悲伤,悲伤变为喜悦,好似沐浴在岩石上变幻着的光辉之中,这痛苦的瞬间突然变为雌雄同体的愉悦。分离为两个独立的个体，其秘密未被任何人发现，相互发现其各自分身的喜悦。这是多么美妙啊！——阿加特的哥哥想——她和自己不一样，自己想不到的她能做到。而且，通过我们神秘的共同感受，她的感受也变成了自己的感受。"

作为草稿的构思，穆齐尔反复叙述这一难以实现的（一旦实现的话，将是无比幸福的）千年王国的理想。这是作品人物对理想的一种渴望，也就是说，作者的构思是要展现爱的千年王国中用语言难以表达的最终不能实现的理想与渴望。这是一个重要的悖论。

然而，在定稿未完成、这种渴望成功的理想还未实现的时候，构思中的作者已经看到与期望实现爱的千年王国相悖、几乎同时到来的悲惨结局。通过草稿、未定稿也能看到这一悲惨的构思痕迹。"'可是，我们的爱已经结束了吗？'阿加特喊道。"在这一悲痛的片段之后，描写他们被爱的千年王国拒绝的句子，在遗稿的初期草稿中只有"二人计划中的尝试完全失败了"这一处。

穆齐尔的这些定稿、未定稿、草稿中以各种层面表现出来的构思，可以从完成后固定的文章、文体内涵中读解出来，或者是直接表现出来。支撑这些构思的活跃在其中的精神和情感的状态，已经明确地显示出来。我甚至想对穆齐尔说：穆齐尔！从各个层面上我们已经理解了你那全部未完成作品的构思，即使是草稿，我们也能完全理解。穆齐尔！我们还能够理解你是如何把握同时代的，如何从最大的层面为全面表现同时代而构思的。

小说《没有个性的人》的前半部分，描写了维也纳的上流社会中的人物。遍及政界、财界以及军界的形形色色的人都投身到"平行运动"这一国民运动的洪流之中，致力于群众基础的建设，不断地组织毫无意义的奇异的集会，最终还是烟消云散。乌尔里希在其中扮演了玩弄权术的、聪明的滑稽小丑的形象。以此对比小说后半部所描写的爱的千年王国这一梦想，从乌尔里希这个彻头彻尾的小丑身上（进行彻底的哲学内省的小丑也具有悲剧性），我们联想起格里美豪森（Hans Jakob Christoffel von Grimmelshausen）的《痴儿故事》（*Simplicissimus*）里的吉姆普力茨西姆斯的后裔。与吉姆普力茨西姆斯不同，他没有到世界各地流浪，也不会像演戏一样使我们看到天国与地狱。沿着封闭空间中他内心世界的轨迹，可以看到只有阿尔莱基诺式的小丑才能够开拓世界和宇宙。

这个宇宙和世界的景象是与卷入第一次世界大战的欧洲社会整体规模相对应，而且是有意识地使其对比进行构思的。穆齐尔在**早期的习作、笔记**中记录下"统治世界是自古以来人类的母题，也是小说主人公乌尔里希的母题"。在完成小说之前，他事先为这部书的**序言写下了如下的思考**。"我把这部小说献给德国的青年，而不是今天的青年——战后精神极度空虚的——可笑的小丑和骗子们，同时也要献给即将到来的青年们，一代从我们战前放弃理想的地方出发的人们，或者类似他们的人们。(当今写战前小说的根据也来自于此!)"

这里论述的有关小说整体的构思，与每个词语层面的构思是相对的。从这一大构思上可以明确穆齐尔的精神和情感作用的对象是面向整个他所生活的时代。而且，这一最终层面上的构思是靠每个词的选择来确定最初的构思方向的；反过来说，通过对每个词构思的有机积累，也会实现小说的最终层面上的构思。

所谓千年王国（millennium）就是基督教末日论所说的历史的最后一个千年，即救世主再次降临统治世界的千年。随之，最后审判的时刻就会到来。穆齐尔在爱情千年王国的话题大规模展开之后，便暗示了与其规模相当的另一件大事，即世界大战。穆齐尔的这一结构可与同时代的同一国语的作家托马斯·曼的《魔山》的结构相呼应。小说《魔山》的结尾写的是在山上的疗养院这一封闭的世界里（世界整体的封闭模型），同时经历了天国与地狱的汉斯·卡斯托普从山上下来去参加战争的情节，这一战争的规模与以前的世界相比同样巨大。

关于汉斯·卡斯托普，我们应该想到曼在讲演《关于自己的作品》中，曾把他与"圣盘探索者派尔斯维尔"作过比较。"派尔斯维尔开始周游各地，他喜欢被人称作'傻瓜''大傻瓜'甚至是'无罪的傻瓜'"。汉斯·卡斯托普同样作为阿尔莱基诺式的小丑与派尔斯维尔有相通之处，都带有吉姆普力茨西姆斯的血统。（泷山宏译，新潮社）

那么汉斯·卡斯托普找到了他所追寻的圣盘了吗？断绝疗养院里一切带有千年王国感觉的体验和沉寂的日常生活体验奔赴战场的汉斯·卡斯托普怎么样了？"圣盘，即使找不到，也要去寻找。但当他从山上到地上，直到被拖进不可收拾的欧洲局势中去之前，甚至在接近死亡的梦中，他仍然会预感到。圣盘，那是人的理念；那是领会了疾病和死亡的深刻含义到达彼岸的未来人性的构想。"

假如和曼生活在同时代的穆齐尔完成了《没有个性的人》，迎来了幸福的晚年去回顾自己的作品的话，只要把前面引用的"**疾病**"一词改成"**爱情**"就能够解释他自己的最终构思。

站在"多种层面的构思"这一方法论上来看作者的创作时,创作是把整体的构思放在遥远的前方(从经验来看,最终成功的作品其整体构思看上去像在雾中一样)。具体地说,很明显,创作是靠对一个词,以及词组成的短语、句子,以及这个句子所表现的一个被分节的意象结构的把握来进行的。依靠这些基本的构思超越目前的自我而获得新的自我表现,并且通过这一创作行为的过程,小说可以表达与最初的整体构思不同的新的构思,整个小说的结构表达的是其作者对现实世界的认识、推动同时代的态度以及把握同时代的方法。

从研究者的角度来看,在基本层次的构思上进行总体的、综合的积累,沿着这一方向研究小说的总体构思时,最需要了解的是作者面对于这个时代,他的精神与情感是怎样活动的。从读解方面来看,思维活跃的读者与作者一样拥有相同的态度,是从同样的方向来理解同时代的。这甚至可以说作者与思维活跃的读者在体验相同的表现行为。

作者如何通过具体的语言和人物来把握表现现实世界、表现同时代呢?作为一个思维活跃的读者,阅读小说这一行为就是把这一问题作为自身的精神与情感(可以称为肉体的情感)的深刻体验并与作者共同拥有。通过这一体验,文学与现实世界以及整个时代才能真正结合在一起。不经过这样的过程而急于去尝试探索通往现实世界的渠道，那不就是忘掉了文学的根本吗？

与此相反，如果不能透过具体的语言、人物，从文学中读解观察到的现实世界、同时代以及未来人性的概念和表现，就失去了文学研究和评论的意义，作者和思维活跃的读者们也不会从中受益。

3 对于作者来说，文体是什么？

"狭山事件"① 起因于一封恐吓信。把这封信作为文学语言读解的时候，我们获得了一个契机，对于文体可以从所有的层面进行研究。当然，进行文体上的研究之前，我先分析并阐述一下把这封恐吓信看作文学语言而不看作日常、实用的语言的理由，尽管日常、实用的语言也有其本身的文体而且便于阅读。要提到文体类型，可以举出不少例子，有公文文体、报纸文体、广播、电视的新闻文体。因为对这些文体可以设定标准的规范，所以研究这些文体时，甚至可以对照规范进行科学性的整合。譬如以印刷在六法全书上的文体为范文，能够客观地判断新写出的法律条文是否符合文体规范。但是，我想尝试探讨的是难以设定任何标准规范的文学语言的文体。

---

① 狭山事件：发生于 1963 年 5 月 1 日，日本琦玉县狭山市一名女高中生被绑票撕票事件。同年 5 月 23 日，受歧视部落中的青年石川一雄被捕并被判处死刑。此案件以冤案上诉，最后，石川被判无期徒刑。——译者注

以"狭山事件"为起因的恐吓信内容如下。恐吓信中的文字大小参差不齐，而且是横向书写体。当我们从多种层面对文体进行分析研究时，还要考虑书写、印刷的字面视觉层面。为了考察这些问题，我把恐吓信的照片也登出来。这上面具有我们所看到的视觉性的文体。（参见照片1）

用这张纸**包着**钱送来/**要想保住**孩子的命，**五月2**日夜里12点让一个女人拿上二十万元在**左野屋**门前等候。/我的朋友**开车**过去你要把钱交给他。/**晚一分钟**的话，孩子就会没命的——/通知**警察**的话，弄死小孩。/如果我的朋友不能**按时安全回来**，孩子就会**死在**西武园的水池里，**到那里去**看吧。如果开车去的朋友准时**回来**，保证1小时后用车送回孩子。/**再重复一遍**不要报告**警察**。/也不要告诉**邻居**/否则孩子的**命保不住**。/如果我们去取钱时，指定的人没去，我们马上回来把孩子**杀掉**。①

国语学家大野晋基于专业方法发表文章，阐明了他对这一事件的看法，他通过严密的分析，对事件做了有说服力的判断，他认为这封恐吓信不是"狭山事件"

---

① 日语原文书写混乱。——译者注

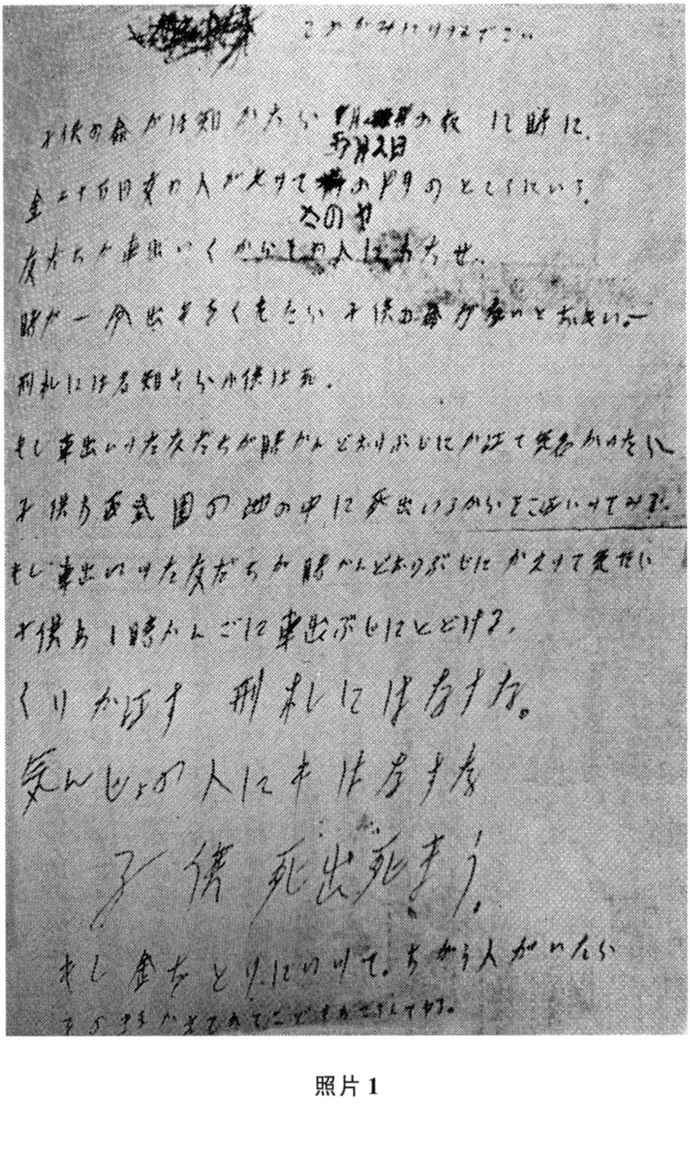
このかみにツツんでこい
子供の命がほしかたら 五月2日の夜12時に、
金二十万円女の人がもツて さのヤの門のところにいろ。
友だちが車出いくからその人にわたせ。
時が一分出もおくれたら子供の命がないとおもい―
刑札にはなしたら小供は死.
もし車出いツた友だちが時かんどおりぶじにかえツて気名かツたら
子供わ西武園の池の中に死出いるからそこえいツてみろ。
もし車出いツた友だちが時かんどおりぶじにかえツて気たら
子供わ1時かんごに車出ぶじにとどける。
くりかえす 刑札にはなすな。
気んじょの人にもはなすな
子供死出死まう。
もし金をとりにいツて、ちがう人がいたら
そのままかえてきて、こどもわころしてヤる。

照片 1

的被告石川青年写的。大野晋对确实是石川被告本人亲手写的陈述书进行了具体的分析，指出被告的写字能力和技巧是很差的。例如，**假名**①文字写不准确，**は**和**わ**混用，方言音是直接写下来的。接着大野晋对促音与浊音混淆的书写观点做了周密的补充，为了证明这并非是不自然的人为的错误写法，他指出这在镰仓、室町的古文书中经常可以看到。而且也要注意假名的**脱落**和没有句读的现象与下边将分析的恐吓信有决定性的差异。把这一切综合起来可以确认石川被告的书写能力只有小学二年级的水平。

对恐吓信进行分析时，大野晋先列出了信中使用汉字一览表。从这个表格可以清楚地看出恐吓信中所使用的汉字里出现了教科书以外的汉字，还包括三年级、四年级、六年级所学的汉字。这表明只有具备小学六年级书写能力的人才能写出这样的汉字字体，对于有些汉字，即使抄写也不可能理解，甚至有的汉字都不可能准确地写出来。这一点，从石川被告被逮捕以后重新抄写的恐吓信的复印件中可以证明。

另一个问题是恐吓信中所使用的特殊文字问题。平常用平假名**で、き、な、し、え**标注的地方反而使用汉字"**出**""**气**""**名**""**知**""**死**""**江**"。作为用字法

---

① 日语的字母称为假名，分为平假名和片假名。——译者注

的整体倾向是多使用汉字，而对于书写技能低的人，往往在应该写汉字的地方却采用**假名**书写。这封恐吓信却反复用汉字代替假名。大野晋基于科学的研究得出了一个难以动摇的结论：这种写法不自然，与汉字、假名使用上的整体倾向是相反的。

尤其是"江"字，竟然使用了三次，对于这个"江"字平时已很难见到，偶尔能从赠送给新开张饭店的花环上看到。这是只有受过旧式教育的人才能写出的汉字。用汉字"江"来标假名"え"**不是小学二年级写字水平的人能够做到的**。"像前面所指出的那样，可以想象恐吓信的起草者试图把不正规的用字法用到恐吓信里，期望把一个学历很低的人刻画成犯人。人为也有人为的弱点，恐吓信里的汉字使用得不自然，但水平很高，这反而露出了马脚。"大野晋在得出这一结论的同时，又通过标点符号的标注法，证明了这封恐吓信的实际作者的文字水平是很高的（《恐吓信不是被告所为》，朝日周刊）。

我认为大野晋的论证虽未被"狭山事件"的法官采纳，却是科学而可靠的。受其影响，我把这封恐吓信看作是一个实际作者的文章，他试图把一个**虚构的、比自己学力低的人刻画成犯人**的形象。所以，从这段文章中能够读解出现实的作者（隐蔽的犯人）与虚构的作者两个人。"狭山事件"的误判就是起因于警察和检察官试图从现实中搜出这一虚构的作者，而逮捕了学历低、接近这一虚构作者的青年人石川的事件。这也许意味着实际作者（隐蔽的犯人）在起草这封恐吓信的时候把虚构的作者刻画成具体的形象，而且，把这一具体的形象与石川所属的未解放部落重叠在一起来描写。也可以说警察和检察官的注意力马上集中到作为圈套的虚构作者的身上，把一个与其相似的人物从受歧视部落中揪了出来。想到这里，我能够接受野间宏的推论，他认为从"狭山事件"所看到的日本人根深蒂固的歧视问题，是和我们的文明密不可分的。

通过大野晋的论文可以明确了解"狭山事件"的恐吓信是实际起草者一边设计虚构的作者一边写下来的，可以说这封恐吓信不是用日常、实用的语言，而是用文学语言写成。既可以说是用诗化的语言写的，也可以说是用虚构的话语写的。因此，我把这封恐吓信当作文本来分析文学语言的文体风格。

这封恐吓信极力地隐蔽实际作者的人格特征，煞费苦心地试图把虚构作者的个性刻画出来，从整体上引起人们的注意。这种在一篇文章里实际作者与虚构作者的双层结构，和虚构的第一人称叙述手法的小说是相似的。这就像太宰治在《直接控诉》中虚构犹大这一叙述者那样。

首先,有关文体风格的讨论,可能有像"文如其人"的想法。对于一部作品的整体或者某个作者毕生的作品而言,可以指出其文体风格,对于有个性的作者几乎无一例外。尤其是近、现代日本文学中,提到作品的总体层面或者作者的所有作品的时候,附加了一个伦理性的意义,因而,"文如其人"的文体观是与伦理上的人格评价相结合的。例如,提到志贺直哉①的文体时,我们可以具体地感受到贯穿作者一生所有作品的统一的人格形象,也就是所谓的文体。尤其是晚年的志贺直哉的风格更体现在文体上。不过,文学领域提到理性时,因为相对于来自现实世界、日常生活中受伦理性的约束,存在着自由的一面(并非完全的自由),所以,"文如其人"这一类型的文体观,既能够广泛地无一遗漏地反映在创作对象中,同时,这一文体观伦理上的排他性也可以得到缓和。如果把"文如其人"这一文体观近乎狭隘地、严格地作为盾牌并扩大势力的话,而且又符合顺应统治体制的知识分子中顽固派的嗜好,文学自由的丰富性就要受到很大的限制。我承认"文如其

---

① 志贺直哉(1883—1971):日本小说家,白桦派的代表人物。其小说风格具有浓厚的个人生活色彩。——译者注

人"型的文体观在某个侧面的有效性。譬如，总结中野重治的文体和他的人生轨迹的时候，我会真实地感到"文如其人"的说法。在这一观点的基础上，我还要使涉及伦理性的"文如其人"文体观客观化。

那么，借鉴"文如其人"的文体观来思考"狭山事件"的恐吓信的时候，我们思考的步骤明显地被结构化。表面上，我们从这封恐吓信的文体上，可以看出它所表现的一个人格。所谓这一人格，是警察和检察当局主张从被歧视部落的石川身上去挖掘的人格，其实是实际作者（隐蔽的犯人）为虚构的作者人为地创造出的人格。

而且，至少只要从表面上读解了恐吓信，这个虚构作者的人格所拥有的具体的统一性和真实性就一目了然。可以说正像大野晋所指出的那样，恐吓信整体的统一性（即文体上并没有不小心出现的混乱现象）表明了这封信实际作者的学力水准是很高的。可是，仅仅从表层的读解来看，那就是从警察、检察官所在的我国法院体系来看，一个绑架罪犯的（实际上是虚构的）人格＝文体就鲜明地浮现出来。

很明显，这一特殊性格的文体是通过语言、词汇的各种层次的构成要素实现的。即那些过于明显的、过于耍小聪明的地方，就是大野晋所指出的**人为也有人为的**

弱点。总之，就像被实际作者的意图所引导那样，我们有必要去探索这一虚构作者的人格＝文体，首先，从下面词语的层面上可以看到人格＝文体的定性标准。

A 组	B 组
ほ知かたら	ほしかったら
車出いく	車でいく
一分出もをくれ	一分でもおくれ
刑札には名知たら	警察にはなしたら
車出いッた	車でいった
か江て気名かツたら	かえって来なかったら
死出いる	死んでいる
そこ江いッて	そこへいって
車出いッた	車でいった
気たら	来たら
車出ぶじに	車でぶじに
くりか江す	くりかえす
刑札	警察
気んじよ	近所
死出死まう	死んでしまう

仅仅把恐吓信中挑出的用词法 A 组的词和 B 组的普

通用词法的词排列在一起，就可以明显看出 A 组的词是如何带有一种凶残的感觉，表现出一股赤裸裸的恶意，脱离上下文从词语的层面已经可以清楚地看出。这些错误写法当中有两种形式（一开始就是实际的作者有意识地作为错误写法选择的），一类是被造出来的字词，如"**刑札**"一词，显然有意识地体现出作者的社会观；二是为了模糊地突出虚构的犯人没有教养而采用的"**車出いく**"一类中性的文字。第二类的错误写法也与第一类有相同之处，是蓄意挑选出来使用的，这从"**車出いく**""**一分出も**""**死出いる**""**死出死まう**"、几个词中"**で**"这个发音严格地连续使用汉字"**出**"来表示的做法可以判断。对于犯有同样的错误写法、而语法和词义都不同的"**で**"来说，这样的记忆结构是不可能存在的。与此相同的还有"**は名知たら**""**か江て気名かッたら**""**くりか江す**""**気んじょ**"一类的词。实际的作者姑且把"**な**"错写成"**名**"、把"**し**"错写成"**知**"、把"**え**"错写成"**江**"、把"**き**"错写成"**気**"。构思这样虚构作者的人物形象时受到了这一原则的束缚。实际的作者想到了如果不彻底地遵循选择好了的错误写法就难以表现恐吓信的文体的统一性，而且不能表现虚构的犯人的人格，于是才写出了这样完全像一个受教育程度很低的作者写出的不自然的文章，而且不管水平高低，即使是错误的写法，也保持了写法上的确切的一致性。

把这一恐吓信的文体看作虚构的犯人的文体，把虚构的人格与这一文体的统一性重叠也不过是程序上的一个过程。因为写这段文章的人就是实际的作者，所以，这一文体是他的文体，表现在这种统一性上的人格就是他的人格。把"文如其人"的观点置换成一个结构，人格必须从这个结构上来考虑。这决不是单纯的形式而是被歪曲后表现出的人格。

正像刚才分析的那样，**他**是用一种既表现反社会性，又表示出受过低等教育的（指虚构的作者）统一的文体写出这封恐吓信的，这个人是谁？还有，实际的作者是什么样的人？大野晋已经描写得很清楚。这是一个有着较高教育程度，而且受过旧式教育的人。此人扎根当地，已经不年轻了。他试图刻画出一个与自己不同的，甚至与自己相对的虚构作者的人格。他把警察组织看成是只会处罚人的体制，虚构警察时，浮现在他眼前的词汇是"**刑札**"一词。一旦创造出错误的写法，就要遵循这一原则把它贯彻到底，这一偏执特性也体现在信中，并且，他从内心里，对被虚构作者那一类人怀有一种歧视性的污蔑与憎恶。实际作者的人格逐渐通过这样的读解浮现出来。通过把"文如其人"这一文体观作为具备结构的形式来读解，我们才能够接近这封恐吓信的实际作者的人物形象。

我们能够读解出这一现实作者的与其意图相反的自我表现并非依靠恐吓信的字面意思所传达的内容，而是通过支撑意思的文章形式即文体。违反自己意图的刻意表现明显暴露了试图掩盖自我的痕迹，这都是由于恐吓信最初的构思以及试图创造一个虚构作者的想法所导致的。这也是通过文章的形式、文体所表现出来的。文章的作者拥有针对某一文体的构思。而且，这一文体并非来自日常生活的需要，也就是说并不像电报文体和报道文体所选择的那样，而是从文体上通过表现的意图接近虚构作者，此时，文章的作者变成了文学语言的作者，尽管他努力地、最大限度地接近了作者的身份，但是，他的文章所表现的包括意识到的和超越意识的一切仍然是试图隐匿和抹杀掉的自己。这不是通过文章的含意而是靠文章的**形式**，也就是文体。"文如其人"这一文体观正是作为这样的词意结构去读解的时候，才能像今天这样恢复生机。

茨维坦·托多洛夫①为了奠定有关文体论的学术研

---

① 茨维坦·托多洛夫（Tzvetan Todorov, 1939—2017），法国文艺理论家。——译者注

究的基础，排除了普通的有关文体的观点，并且提出了一个有关文体研究的简明扼要的定义。"作为有效的使用词语，为了规定文体一词的含意，必须首先避开如下几种意思。／一、某一时代某一艺术运动的文体，即浪漫派的、巴洛克式的这一类文体。对此最好使用'时期''文类''类型'一类的概念。／二、提到'某一作品的文体时'，他所意味的是作品的统一性、连贯性。例如说'这一作品有文体。另外的作品没有文体'，但是，因为这种'统一性'（unité）的范畴是一般性的和抽象的，不能用于论述（discourse）的研究。／三、人们把文体看成是与规范相关的'偏差'。但是，不能说维克多·雨果的文体与他的时代规范有偏差。因为设定这一规范即要提出难以超越的各种问题，构成雨果文体特征的因素并非在于一般的用法与他的用法不同。／四、把文体一词归为语言的'机能性的类型'，譬如，为了指出记者的文体、公文的文体而使用这个词是毫无意义的。

"我们应该把**文体**（style）作为所有的文本，从语言所包含的可以自由使用的几个可能性中进行选择并作规定。这样理解的话，文体即等同于'语言的使用区域'，也就是'低级的符号'。它相当于'比喻性的文体''情意性的叙述'这一类的表现。所谓某一语言表现的文体论上的记述只不过是记述作为这一语言表现所有特性。

"中世纪的某一理论把文体区分为低俗的、平庸的、高等的。这一分法在今天已经没有什么意义，但是，它是基于前面提到的原则。难以想象这三种文体相比之下'有偏颇'。各个文体存在于语言当中，而不是存在于使用者的心中。文体是结构性的特征，不是功能性的特征。今天能够列出的各种文体的种类更加复杂——因为它是基于有关语言学给予的词汇的知识——即便如此，其目的并没有差别。"（O. 狄库罗、T. 托多洛夫著，泷田文彦等译《语言理论小事典》，朝日出版社）。

托多洛夫的文体论的破坏力在于，能够有效地清理那些惯用性的各种文体的概念。作为作品的统一性的文体，这一理解方法尽管**过于一般性和抽象性**，但不是在论述的研究方面，而是作为理解小说论展开的**一般性的和抽象性**的标准来用。前面，我在进行分析的时候也是依照托多洛夫的观点限定了使用法，作为在这一基础上的发展，我思考了"文如其人"型的文体观的结构性读解方法。

这样，作为否定性的媒介，或者作为自我批评的媒介，我们可以参考托多洛夫的文体论。我们既然打算探讨小说的方法，就要对这一尝试给予积极的支持，如果看到托多洛夫提出的理论，就特别会感到其中的魅力。

把文体看作是从语言所包含的能自由使用的几个可能性中进行选择的观点；把文体看作存在于语言中具有结构性特征的观点；同时把语言学和诗学领域的观点放在另一端对照，对文体进行具体地探讨时，我认为我们脑海中具有活跃的思维模式的文体观才是现实有效的。让我们重新再来看一下刚才的恐吓信。

对于恐吓信的实际作者（隐蔽的犯人）来说，只要不是暴露他的真面目的文体（这一文体是他作为日常、实用的语言写信和日记时所采用的自然的文体），就存在无限多样的可选择的可能。于是，实际的作者想出一个虚构的作者的人物形象，试图创作一种具备这一人物形象统一性的文体。所谓文体，首先决定一个统一性，只考虑从整体的层面降到词语的层面来构筑文体，那是非常难的。这封恐吓信的文体是通过在词语层面上捏造词汇，尤其是具有反社会性质的的**刑札**（警察）一词和试图体现因文化程度低而写错字虚构出来的。虚构的这一文体并不是植根于现实的作者之中。从各个词语的构思到充满粗鲁和恶意的上下文，可以看出这一文体中虚构的句子的结构特点。

以这一文体的语言结构特征为视点，也就是把这一恐吓信的语言作为文学表现的语言来读解时，能够看到虚构作者的人物形象背后的现实作者的真面目。活跃的文体内部存在着其本身的表现力。

统一性的文体总是可以从优秀的作品中读解出来。实际上把几个作者从文体的同一倾向集中到一起看成一个流派是不可能的，即不适合托多洛夫所说的有关叙述的表现形式的研究。即使这样，我们也经常把文体与作者的人格联系起来，而且容易贴近伦理性的价值判断。这并不是从结构上来解读"文如其人"的文体观，而是单纯化、单一化理解时所看到的倾向。并且就具体的作者而言，可以亲自体会并得到正确答案。

譬如，志贺直哉的文体＝人格、井伏鳟二的文体＝人格、中野重治的文体＝人格。但是，对于这些典型的作者，我们也要重新确认托多洛夫的**各个文体存在于语言中，不是在使用者的心中这一观点**。不管是志贺、井伏还是中野，这些作者都是有意识和无意识的整体，他们拥有各自的形式化了的文体，而且生活在现实当中，但是，如果没有通过语言这一关，他们的文体也不会自动产生。他们各自把语言写出来，从一开始使用词语，就出现了文体。即语言和人类的能动的邂逅便产生文体，并不是人的身上早就存在文体的原型，把它照搬到语言中，靠一种静止的、单方向的形式，使人与文体结合在一起的。

作者把词语写在纸上,使两者能动地相遇。从实际写小说的经验出发,把作者和语言撞击的能量当作向前的推进力,其结构化的过程如下。作者把词、句子 a 写在纸上。下笔之前,他要进行选择,他是在意识与无意识的某个相重叠的领域以及从词和句子多种选择的可能性当中,选择了句子 a。我把它称为词与句子层面上的、构思过程中的选择。不言而喻,语言活动大多植根于无意识的母体中,但同时人想写文章,在词和句子的层面上进行构思,即使是瞬间确定的思考也仍然是有意识的选择,因此,通过构思并做出选择并不是语言的行为。

所以,句子 a 最初以这样的形式被写在纸上,从前面的词和句子的选择上来看,它承担了被排除的另外一个或几个词和句子关系的默认的结构。在句子 a 当中,例如,古语词特意被引用,甚至采用口语化的词句时,这一结构的存在就会令人信服。为什么现代词被排除而古典词被选择?这是由所写的词语的结构决定的。根据这一结构往下思考的话,就可以从词语和句子的层面上确定句子 a 的文体论的研究方向。

作者试图把句子 a 到句子 a′、再到句子 a″,这样不断改写,固定形象构造,使文体清晰明了。经过句子

a^n→句子 a'，句子 a'→句子 a''这一过程，最终赋予定稿的句子 a^n 一个结构。我们读一个句子，把握其立体性的形象结构，确认如同作者自己身体一般重要的文体时，我们从句子 a^n 中读解出到达句子 a^n 的句子 a、句子 a'、句子 a''……这一创作过程的关联和重叠的结构，我们把它看作句子 a^n 的文体。

与上面的情况相比，我想到的是在早稻田小剧场中进行的排练与最终上演的过程。这个剧团是由具有综合构思能力的导演铃木忠志①指导。戏剧并不是最重要的，导演把戏剧看作演员的身体和声音一样的素材，把戏剧进行结构化。演员们随着导演提出的建议自发地去重复排练。从演技 a 到 a'，从演技 a'、演技 a'' 再到 a^n。我们在公演的舞台上所看到的演技 a 明显地展现了这一演技 a→演技 a'……的整个过程，以这一结构为背景和基础，使演出获得了独自的舞台风格。铃木忠志说排练的过程中存在着戏剧，针对达到舞台上的第 n 号演出以及为了赋予它一个风格，排练过程中创作出的结构一直在活动着。

句子 a^n 是由最后一稿决定的。它包括前面叙述的结构和由此形成的一组句子。它被编入一篇小说的更高层

---

① 铃木忠志（1939—）：日本戏剧导演，小剧场运动的代表。——译者注

面的结构体中,进行更多的结构性的放电感应。也可以说被引入小说整体这一复杂的磁场,带来结构性的磁力。因此,这个句子 a^n 只能称作与日常生活中的使用语言完全不同的特别的语言结构,即托多洛夫所说的完全成为具备结构性特点的语言结构和文学语言。

这样,我们可以确认文体是具备结构性内涵而形成的,即不是早已存在于人的内部,而是不断积累,由语言与人邂逅产生了活力而形成的。此时,就实际的小说作者的方法论而言,有关文体的新的前景就开阔了。它激发了作者有意识地把戏仿的文体放到小说方法的中心去。

如果文体观不包括结构性的、铁板一块的"文如其人"的类型,那么戏仿性的文体的创造就会变成奇怪的越轨行为。而且,在把严格的伦理观贴近"文如其人"的文体观的精髓时,一定会反映出戏仿性文体的"缺陷",这种"缺陷"被认为是不慎重的、难以饶恕的。即使避免遭受这样的责难,戏仿性文体的创造者也只能得到一个作为滑稽文章作者的狭窄的空间。这些被认为处于角落里的滑稽性文章很难受到人们的关注,特别是把它作为文体来研究的课题更是很少。

但是,我现在企图把滑稽性模仿的方法放在所有小说创作的中心。我们经常会发现刚刚识字的幼儿的文章里具有明显的个性，人们为此会感到很吃惊。这难道标志着文体是自然发生的，是与作者的性格密不可分的吗？在此，我们应该想起托多洛夫的**各个文体存在于语言当中，并不是存在于使用者的心中**这一原则。幼儿也是把幼稚的铅笔字写在纸上，通过和天真无邪的语言的邂逅获得文体。许多幼儿经常拥有自己的文体，但又随着成长渐渐失去，这是因为作为幼儿他们要接触所有新鲜的事物，会重新遇到作为**物**的语言。它不是作为传达意思的符号的语言，而是作为形式的语言，是具有声音和节奏的、活生生的语言。但是和语言的邂逅对于成长中的他们要蒙受"自动化作用"。

即使对这样的幼儿来说，文体也不是从他们身上自动发生的，是学习的结果。幼儿语言是靠学习获得的，文体也是如此。当我们看到生活在关西话环境的幼儿拥有关西话的文体，与生活在东京语环境的幼儿的文体不同时，这个问题就很明显。这样的例子很多，不止是幼儿的文体，冲绳作者的文体里，如山之口貘①这样的诗人也是如此，就是散文作者的文体里也留下了从《神灵之歌传说》到琉球歌谣的冲绳语言世界的文体的影子。这一原则的具体体现不是靠语言学的分析所能达到

---

① 山之口貘（1903—1963）：日本现代诗人，出生于冲绳。——译者注

的，对照托多洛夫的原理就会一目了然。

从幼儿的水平到职业作家的水平，基于文体是靠学习获得的这一立场，创造戏仿的文体具有积极意义。面对一个文体，以批判的态度而给予关注，就会创造出新的文体。我把它称为通过模仿前面的文体来创造新文体的行为，这不单单意味着使以前的文体滑稽化，还是一种被称为文体辨证性展开的方法。

从个人思维的具体层面来看，前边论述的句子 a 到句子 a^n 展开的过程是很明确的。因为从句子 a 到句子 a^n 的重写行为也可以看作构成一个个层面的文体的戏仿化。又是作为个体的作者从一个作品到下一个作品之间文体发展上的必要的操作。通过滑稽性模仿的社会性表现，使文学上某一时期固定的文体增加活力，寻求新的生机。

日本战后作家在文体上进行的革新就是具体的例证，战后作家的文体（当然这样的说法必须附加按照托多洛夫观点的限制）是通过向外国文学学习而获得的，包括陀思妥耶夫斯基的日语翻译作品，由此奠定了战后作家的文体基础。但是，必须指出的是，一方面他们学习外国文学作品的文体，另一方面对战前、战争期间统治日语的文体进行激烈地批判，二者的结合带来了新的生机。在距离他们主要活跃时期四分之一世纪的今天，也还不能说战后作家们开拓的文体是靠滑稽的模仿得到了超越。

我在文体方面展开的论述可以与这一层面作为艺术手法的"陌生化"理论进行置换。也就是说，某一文体陷入"自动化作用"，不能给予作为**物**或者语言的形式的反作用时，为了使句子恢复为文体的反应，来自现有文体的戏仿的展开是必要的。这可以称为文体层面的"陌生化"。

通过对比想象力理论，可以使这一问题更加明确。想象力是从一个形象创作出另一个新的形象时，通过充满活力的精神与情感的活动才表现出来的。文体也是如此，从一个固定的文体向新的文体展开时，无论对作者还是读者，其**形式**在想象力上会更加深刻地表现出来。

4 活跃的想象力

如前所述,人是具备各种要素、充满活力的整体,从这一观点来看,把语言写成文字的工作和从文字读解语言的行为可以看作人类活动的共同范畴。我确定的目标是把人的两种活动的表现形式结合起来,具体地思考并探讨形成结构的小说方法。

以想象力理论作为依据,统一地研究作者、读者的活动是最合适的。阅读创作出来的小说这一读解行为本身对每个读者来说都是新的创造。要想弄清这一关系的形成,首先必须观察读者创造性的想象力作用。而且,对读者的想象力进行研究,也可以使小说作者想象力的实质性研究成为可能。我们完全可以理解创造性的想象力是思维活跃者的各种要素之基础。

结合具体的例子,我们来探讨小说作者与读者的想象力的作用。一部实际完成的小说清楚地表现了创作活动中的想象力。我作为小说家一直从中体验这一想象力的作用。我不想进行理论性的研究，打算从研究具体事例开始。

我要列举的是巴尔扎克（Honoré de Balzac）的《烟花女荣辱记》（Scenes From a Courtesan's Life）中的女主人公改邪归正的情景，它通过一个深奥的结构明显地表示出小说中想象力的作用。创造出这一情景的巴尔扎克那非凡的想象力与我们普通读者的想象力相呼应。从这里可以体验到的并不是读解小说中的静态的、形象的连续，而是令人震撼的重新发现。就像从火车里凭窗远眺一样，静态对象的变化就是静态形象的连续，由此体验不到活跃的变化。当开始看到活跃的变化时，窗边的人已经不再是被动的了。

《烟花女荣辱记》中的女主人公是一个妓女，她具有独特的魅力，男人们给她起了一个"电鳐鱼"（La Torpille）的绰号。但是，艾斯苔尔（Esther）那栩栩如生的形象给我们留下了深刻印象，这一人物活生生地展现在读者面前。这是从她和情人琉西安（Lucien de Rubempre）的相爱、决心重新做人并进入教会学校以后开始的。小说开头，巴尔扎克有意识地提供给读者一个"电鳐鱼"式的艾斯苔尔的模糊的形象。西班牙人艾莱拉（Carlos Herrera）是她和琉西安二人的共同监护者，通过艾莱拉到学校看望她的情景可以看出，过着半

修道院式生活的她因为爱情被阻止,已经达到了正常人能够保持灵魂和肉体的极限。(寺田透译,东京创元社)

"他看到自己照顾的姑娘坐在院子里靠近葡萄架的长椅上,葡萄架沐浴着四月的阳光。看上去她好像在取暖。同学们关切地望着她那枯草一样苍白的面容、濒临死亡者才有的迟滞的目光、忧郁的神态。艾斯苔尔站起身向西班牙人走来。从她的动作、表情似乎看出她的生命已经很短暂,她对生命已毫无眷恋。这个可怜的流浪姑娘,这只受伤的野蝴蝶,又一次勾起了卡尔罗斯·艾莱拉的哀伤。"

终于艾莱拉不得不答应等艾斯苔尔接受洗礼变成清白之身以后,再让她与琉西安相会。艾斯苔尔几乎要昏过去,恢复气力后与艾莱拉进行了下面的对话。

"'仁慈的上帝,求求您理解我的心!'她停顿下来。

"艾莱拉为艾斯苔尔的声音、眼神、动作、行为上露出的芳香宜人的娇态折服,吻了她的前额。

"'浪荡公子们给你起了个好名字。你在想引诱仁慈的上帝吧?现在暂时还不行,等洗礼过了,会让你们俩自由的。'

"'俩人都自由…'她欣喜若狂,重复了一遍这句话。

"寄宿生和教母从远处看到这情景,都吃了一惊。她们把此时的艾斯苔尔和从前的艾斯苔尔比较,觉得是不是她中了什么魔法,完全变了一个人似的。她又一次表现出满怀爱情的性格,身上带有一种贤淑、苦恋、烦恼、飘飘然的感觉。她复活了。"

这一情节中女主人公的形象,并不单纯是为椭圆形镜框中的画像①而创作的。在葡萄架旁边沐浴着春光、消沉的姑娘的身影映在同学眼中,她的肖像的确如同装在项链坠子里的古典画像。但是,巴尔扎克非常周密地展示出丝毫不了解艾斯苔尔内心世界的同学们眼中的形象与统帅千军万马、无事不晓的艾莱拉眼中受到刺激后复活了的艾斯苔尔形象之间的差别。首先我们意识到由这两个形象引起的活跃的想象力。

伴随着深深植根于读者想象力中活起来的艾斯苔尔,我们有顺序地往下体验《烟花女荣辱记》。艾斯苔尔被艾莱拉说服了,为了挽救危急中的琉西安,她要重新当妓女"电鳐鱼",作富翁男爵的情妇。

"最后的祈祷做完以后,她抛弃了自己美好的一生、心中的荣誉、光荣、节操和爱情。她站了起来。

"'夫人,您不能再这样做了。'普琉丹斯·塞尔维昂(Prudence Servien)为主人崇高的美丽而忘我地

---

① 椭圆形镜框中的画像:静止的、没有生气的肖像画。——译者注

喊道。

"她迅速地把梳妆台转向可怜的妓女能够看到自己身影的位置。从眼神里依稀看到了一些飞向天空的灵魂。犹太人一样的肤色熠熠生辉。泪水被吸入火一样的祈祷里,浸湿的睫毛像夏天淋了雨的叶丛,爱情的阳光给它注入最后的光辉。嘴唇上带着好像献给天使最后的祈祷似的表情。她无疑是把自己纯洁的一生托付给天使,然后,从天使手里借来了和殉教者同样的棕榈叶。总之,她的身上有一种像玛丽·斯图亚特(Mary Stuart)告别王冠、今生和爱情的一刹那所表现出的庄严的气氛。

"'真想让琉西安看到这一切,'她叹息着,然后又用颤抖的声音说道,'今后又可以**过荒唐的日子了**……'

"听到这话,欧罗巴(Europe)哑然失声。就像天使听到了污蔑的语言。

"'看什么!我嘴里长的不是牙齿,难道生出了干丁香吗?盯着人看什么!我现在只不过是一个下贱的令人讨厌的女人。是妓女!**女盗贼**!只不过是在等候英国绅士。把洗澡水烧好,准备给我化妆。中午到了。男爵完成他在交易所的工作就会来的。我想对他说:正等着您呢。然后,让亚细亚(Asie)为他准备一些**好吃的**。我要让他迷上我。……干吧!快干吧!小姐。我们**大笑**

一场吧！大干一场吧！'"

这一情节里引入了绰号叫欧罗巴的佣人塞尔维昂的**视点**，清晰地衬托出艾斯苔尔充满悲伤的、清纯的、果断的性格，这里设计了一个令我们**无话可说**的强烈的效果。后面我将论述到，这一效果就是想象力的机能更加活跃的效果。巴尔扎克充分地调动读者的想象力，发挥想象力的机能，甚至有人会认为那简直是骗术。它尤其体现在前面引用的同学和艾莱拉各自的**视点**和心理活动以及刚刚引用的佣人的**视点**、心理还有**镜子**的例子中。

关于这些情节中想象力的作用，巴尔扎克告诉我们，它体现在连接这两个情节所进行的艾斯苔尔的生动转换上。我并不是随意把两个情节结合起来分析的。我们读解巴尔扎克时，应在某一时间的流动中，难以抵抗地或自发地去体验连接这两个情节的活跃思维，它是肉体与意识以及与其密不可分的像母体一样的无意识的共存。带有想象力语言的小说在本质上具备一种结构，巴尔扎克的小说创作立足于这一结构充分地发挥了他的想象力特点。

那么关于连接这两个情节所进行的艾斯苔尔的生动的转换，我们应把重点放在第二个情节。靠我们的想象重新创作出来的艾斯苔尔的形象栩栩如生、具有动感、给人留下深刻的印象。这一艾斯苔尔形象发挥了我们的想象力，显然是第一个艾斯苔尔形象所无法比拟的。从原则上说，作为小说的结构来看它们的基本条件时，两者必须是等价的。事实上，当我们只读到第一个情节时，第一个艾斯苔尔形象是非常有魅力的，它使想象力活跃起来。但在此基础上遇到第二个顽强生存着的艾斯苔尔形象时，我们才发现第一个艾斯苔尔的形象已经变得色彩暗淡了，像褪色的旧照片一样退到了这一形象的背后。介于连接两个情节的艾斯苔尔的重要转折点，我们的想象力将会想象出什么呢？

假设第一个艾斯苔尔没有如此细致地出现在我们面前，她的形象没有固定在我们的意识之中（这里意识与无意识同时存在）。假设向第二个艾斯苔尔转换之前没有像最后的花朵开得那么鲜艳，第一个艾斯苔尔的形象没有像音乐中所见的全面再现的话，第二个艾斯苔尔的展示无论怎样奇怪也不会如此强烈地震撼我们的想象力。这里存在的对琉西安的自我牺牲以及绝望的、强烈的力量是她身上不曾出现的。第二个艾斯苔尔只是成为第一个艾斯苔尔之前的"电鳐鱼"的再现。而且，通过向第二个艾斯苔尔的转化，小说给予我们的冲击是巨大的。我们再一次提出这个问题。到底是什么力量连接起这两个情节，植根于艾斯苔尔的巨大的转换中，从而对我们的想象力发挥作用呢？

使我们的想象力发挥作用的核心在这一巨大转换之中。从原理上看,震撼我们想象力的既不是第一个艾斯苔尔也不是第二个艾斯苔尔。是第一个艾斯苔尔转换成第二个艾斯苔尔后被重新塑造的形象。而且,靠她自身的决断一举变化。这一变化捕捉住了我们的想象力。想象力被女主人公的转换所吸引,亲自加入其中,为了从整体上、根本地体验这一转换,需要全面启动展开想象力的机能。

从小说的作者方面来看,巴尔扎克通过描写女主人公的转换,可以把想象力的紧张和飞跃引向最高程度。想象力如此活跃的机能,使巴尔扎克的创作从日常的沉闷中高涨起来。从读者方面来看,我们只是去认可别人罗列的呆板形象,半睡半醒地读书是不能激活想象力的。像电视、电影、像从火车的车窗被动地眺望风景一样,这样的读书方式会使想象力枯竭。我们仅仅是为了体验女主人瞬间的决定性形象的改变而拥有了想象力。真正的小说就是通过激发这种想象力的活力,调动我们整个意识和肉体或者精神和情感积极地参与其中。

这样,基于一个读者的立场,同时作为一个小说家对现实的小说进行思考时,应该对想象力下一个定义。对我来说,加斯东·巴什拉(Gaston Bachelard)关于想象力的定义最容易接受。他指出:"至今还有人认为想象力是形成意象的能力。但是，想象力应该是把依靠知觉提供的意象**扭曲变形**的能力。它使我们从基本的意象中解放出来，获得了改变意象的能力。如果没有意象的变化，没有意象的意外的结合就不会存在想象力，也没有**想象**这一行为。如果**眼前的**某一个意象不让我们思考**并不存在**的意象，如果意象失去契机，逃之夭夭，不能决定意象爆发的话，想象力就不存在。感觉是存在的，某一感觉的追忆、熟悉的记忆、色彩和形体的习惯是存在的。与想象力（imagination）相对应的词不是**意象**（image），而是**想象**（imaginaire）。某一**意象**的价值是靠**想象力**所发挥的辉煌程度来界定的。想象力是**开放的**，容易逃避的。在人的心理现象（psychisme）里，想象力的确是明白指定事物的体验，而且只能是新的体验。和其他性能相比，想象力更能赋予人的心理现象一个特征。正像布雷克（Blake）明确指出的那样'想象力不是状态而是人类的生存（existence）本身'"（G. 巴什拉著、宇佐英治译，《天空与梦》，法政大学出版局）。

巴什拉的想象力理论的特点在于它不是独立于人的意识与肉体来分析想象力，而是与人类生存相关，与人的整体研究相重叠。其态度本身就是对布雷克所说的**想象力是人类生存的本身**这一观点的具体化。依靠语言把**人类生存**现实化的小说是实际而有效的想象力理论的体现。

用语言表达**人类生存**的小说结构激发了人类的意识（包括反复提到的整个无意识）以及肉体的所有机能，把人类这一整体推向想象力的前方。通过语言到达自我的人性根源，在社会、世界乃至宇宙中给自我定位。在这样的创造过程中，把人类推向前方的动力是想象力。实际上，对在这里的某个人来说，这种力量是要把我们抛向不可能到达的境地。

我们回到巴尔扎克的文学，结合第二个艾斯苔尔形象所展示给我们的语言结构的活跃想象力，再次探讨巴什拉的观点。我们第一次读到的修道院式的教会学校中的第一个艾斯苔尔形象是扭曲了的形象。此后，我们从理解、认可了的第一个艾斯苔尔形象中解放出来，即从通过知觉成为自己的一部分的第一个艾斯苔尔形象中解放出来。我们重新塑造艾斯苔尔的形象，显然，这是在进行**想象**。如果我们把这一新形象的想象力继续深入到小说中去，就可以再次面向展开的新世界，获取开启想象力的能力。第二个艾斯苔尔形象的展示正是**想象力**（我采用了 imaginaire 这个词）充分展开的有效证明，其影响扩展到小说的整体。

更严格地说，在第一个艾斯苔尔形象变成第二个艾斯苔尔形象的强烈运动过程中，是艾斯苔尔这一人物唤起了**想象力**。而且她本身就是充满想象力的人。在此我们伴随肉体上的感动,领会了想象力就是人类生存这一说法。就充满想象力的艾思苔尔的生存而言,此时她正处于巨大的危机之中。把想象力的旗帜树立在自我生存队列的前面,就如同把自身放到前方的黑暗之中,这个悔悟的烟花女子做出了决断。"夫人,您再也不能那样**做了**。这是理所当然的。"因为她把自己抛向了难以企及的境地。

读者发挥丰富的想象力,认识了第二个艾思苔尔的形象,在读解的根本原则中,这就是我们从能动性的行为出发,面向第二个艾斯苔尔全面开启想象力的过程。我们充分地发挥自己的想象力,同时,还要去创造第二个艾斯苔尔想象力的空间并使之充满活力。此时,富有想象力的我们就像带有推进器的火箭一样勇往直前。通过自己这一**个体**的层面,冲向以想象力为桥梁的人类共同的目标。通过想象力把自己抛向前方危机四伏的紧张状态中,这种状态把我们从**现存**的已知框架中解放出来,最终使我们具备了宇宙观,往自我认识的根源进发。

作者通过小说的语言,可以激发读者想象力的功能。作者试图用他的语言创造出唤起想象力的结构。本来，表达想象力的语言，不应该是作者发挥想象力后的意象描写。一般来说，这样的描写经常是概念性的、用现有的语言记述、作为结果的意象描写，它只不过展示了僵死的想象力的形骸。在日语文学世界里，创造出许多作品的作者尽管被公认为意象丰富，赞誉为创造出了绚丽多彩的美丽世界，但那只不过是静态的、僵死的意象的平面化罗列。为了掩饰意象的静态性格而采用许多比喻，这样的比喻不能爆发性地创造出唤起**原来所没有**、新想象力的语言结构。暗喻（metaphor）也大多流于**噱头式**的思考、概念性的理解。这并没有脱离精心设计的解释说明的范围。唤起想象力的大都是与说明性描写正相反的语言活动。

　　作者面对自己的创作，怎样有意识地引进唤醒想象力的语言结构呢？书写语言时的想象行为与写出小说章节中的意象行为不同，它不是能记录下来的行为。读者仅仅是接受概念化的意象、静态的意象说明，丝毫也不能体会与想象力相关的能动的体验。我们只能积极地拒绝，别无他法。这是与想象力无缘的世界。这里没有推动想象力的能量——作者与读者的共同合作。

　　写小说是创造唤起想象力的语言媒体的行为。小说的实质是唤醒读者的语言想象力并使之结构化。这种想象力是由语言构成的。作者的想象力机能是用语言记录下来的。这一想象力作用能唤起读者的想象,使生动的想象力得以实现。

想象力机能的运作,其活动的轨迹是以推动力(dynamism)为特征的。这一推动力产生于构成小说各个层面的语言结构,最终导致想象力的爆发。从巴尔扎克的小说中我们看到了这一特点。从第一个艾斯苔尔形象的展开过程中也可以看到。接着,第二个艾斯苔尔的重新悔悟更加强烈地激活了我们的想象力。从得到解放的想象力中,我们还获得了思考人类为什么创造出文学这一问题的线索。

巴尔扎克的后裔们——近代、现代的小说家把努力的方向放在创造富有想象力与活力的语言结构上。因为后来者不能沿袭已经完成的想象力的活性化结构。后来者只有把前人实现的方法作为仿讽的基础,才能再次去发挥。

下面举出的三个实例均出自现代作家之手,从现有的概念能够解释的人物形象中,创造出与长篇小说的主人公完全不同的形象,把他们生存的本身作为想象力的源泉。

波兰流亡作家贡布罗维奇(Witold Gombrowicz)的小说《费尔迪杜凯》(*Ferdydurke*)中,男主人公是一个从三十出头的作家"缩小"演变成的小学生式的人物。他被老师从一直进行创作活动的书斋里押送到小学六年级的教室中。"孩子的小屁股麻木了，像白痴一样失去了知觉，完全没有了抵抗能力。我跟在迈着大步赶路的彪形大汉的身旁，小步快跑，可是，带着这个屁股，怎么也动不了。再见吧，**精神**！再见吧，中途辍笔的著作！再见吧，我的真面目！我迎接的是可怕的稚嫩的外形！"（米川和夫译，集英社）

我们被贡布罗维奇的文体所吸引，这个混合了成熟知识分子的思考能力与幼儿感觉（小屁股！）的奇特说话方式是贡布罗维奇设计的、可激发产生丰富的想象力，是我们共同拥有的。而且，随着这一想象力气势的持续进展，我们的意识和肉体追逐这里描写的"缩小"为孩子的中年知识分子卷入奇特的、颠倒了的、天真烂漫的世界，同时，我们也明白只有这样才能理解1930年代的波兰知识分子面临的处境。贡布罗维奇赋予的知识分子形象，即巴什拉所说的扭曲的形式，给予我们一个想象力的**视点**，用此视点可以辨别这个时代的波兰知识分子形象。

德国的君特·格拉斯（Günter Grass）在综合描写但泽地区（Danzig）的现代史的《铁皮鼓》（Die Blechtrommel）中，创造出一个三岁生日以来未长高一公分、总是敲着铁皮鼓的男主人公＝叙述者的形象。我们跟随这个敲铁皮鼓的侏儒——像成年人一样明白事理、拥有激情的奥斯卡（Oskar Matzerath）的**视点**一起观察时，以但泽为焦点的欧洲现代史的各个阶段就会生动地展现在我们的面前。我们靠想象力重新体验这些编年史的事实，甚至会感觉到在历史的现场自己也遇到了危机。这种情况下，作者充满想象力的创造基础来自于男主人公＝叙述者，或者被割裂开来的主人公（或者单纯的第三人称记述文体）和叙述者的混合体。这种意识的混合与想象力的视点所展开的新的创造相重叠。

法国的勒·克莱吉奥（Jean-Marie Gustave Le Clézio）在他的创作初期已经明显地展示出独特的想象力的视点。一个拥有亚当这样常见名字的青年逃离军队和精神病院躲藏了起来。他在自己藏身之处注视着老鼠。（J-M. G. 勒·克莱吉奥著、丰崎光一译，《笔录》，新潮社）

"慢慢地、悄悄地，在不知不觉中，亚当忘却了自己是亚当，忘却了在阳光沐浴下的房屋里堆积着自己的用品。……

"亚当变成一只白色老鼠。这样的变形是奇特的。他的身体依旧是原样，手脚尖并没有变成粉红色，门牙也没有变长。……/但是，他变成白鼠，那是因为他自己认为是白老鼠。因为从这些近视的、纤细的小动物的眼光来看，人类出现了怎样的危险？这是他突然发现的。自己明白啾啾地叫、四处跑、啃东西、用没有眼皮的两个小圆眼睛到处张望，这些动作全都没用。像他这样的人有一个就够了。这样的人往前迈几步，只需有意把脚稍稍向空中抬起。仅此而已，老鼠就会被杀掉，被踩成烂泥，肋骨粉碎，细长的头就会浸泡在由体液和淋巴液形成的海洋里，倒在木地板上。

"于是，世界变得恐怖，变成'对白鼠来说是一种危险'，他突然站起身来。充满他的大脑的已经不是愤怒，不是厌恶，不是任何残酷。这与杀戮的性质几乎是相似的。"

勒·克莱吉奥的叙述风格与前面两位作家形成对比，更接近巴尔扎克的基本形式。他的叙述比巴尔扎克最平静的写作状态还要心平气和，看上去他的叙述完全是站在第三者的立场上。这一记述所包含的充满活性化结构之复杂只有现代文学才能够看到，而且它随着小说的进展变幻自如。

亚当从人变成了老鼠。这一扭曲变形发生在亚当的想象力里，与我们读者的想象力相呼应也表现出同样的形式。同时，我们接触到亚当那活生生肉体的真实感。这一真实感依靠体臭和极度扭曲的姿势的记述被"陌生化"，给我们留下深刻的印象。这超越了极其普通的小动物与人类之间对峙的层面，拘泥于人本身，并且，通过把人客观化来解放我们的想象力。可以与岛木健作的《红蛙》、志贺直哉的《在城之崎》进行比较，这两篇作品中观察小动物的都是人。勒·克莱吉奥笔下刻画的老鼠形象并不比我国那些描写动物的行家们逊色，他把作为**物**的真实感摆在了人类（加入作品中的亚当和他生活的想象力空间中去的我们）的面前。

面对老鼠亚当仍然从想象力方面把自身**扭曲变形**，最终老鼠的行动与他的想象力行为重叠在一起。我们也变成亚当，同时也变为老鼠，我们被想象力引导，意识与肉体之中产生了两者之间激烈的矛盾。这一激烈的矛盾立刻被作者指明，获得语言。这一语言不是把矛盾概念化来解释的，而是重新给予矛盾想象力的方向，像弹簧一样向前推进的语言。"恐怖"这个词是亚当感到**恐怖**时出现的，纤细的小动物转瞬之间躺在体液与淋巴液流淌的地板上。他成为一个小动物，成为一只死老鼠。有意识的老鼠与作为**物**的死老鼠具有密切的关系，贯穿想象力之中，出现在亚当这一意识与肉体的面前。即"陌生化"后存在于此。

亚当承受了如此强大的压力，在想象中支撑着这一现实结构里所有老鼠与所有人类的亚当，终于在达到紧张的极限时振作起来，决意杀死老鼠。于是，想象力的活力一举爆发，充满我们这个小宇宙的无数想象力的星辰四处飘落……

现在，我们在这个有意识以静谧为基调的散文的结构中，发现想象力像高速旋转的陀螺一样呼啸。看到这一情节时，我们读者的想象力开始运动，向前方的世界进发。此时是向勒·克莱吉奥的世界进发，这是我们的意识和肉体生存活动的世界。

我们认识到以自我为中心的宇宙观，与自己结合形成的这一世界与勒·克莱吉奥式的世界重叠，同时，还继续保持独特的扩张。读到刚才引用的一段文章时，会发现当我们把视线移开书页的时候，周围的人和事物就改变了形象。眼睛好像从深处被清洗过一样，头脑里好像新的节奏在搏动。但这样的时间不会长久，这是因为我们对疏离我们想象力的这一现实世界的人和物，以及其背后存在的事物整体坚信不移。想象力的重要作用就是**扭曲变形**，破坏这些现存的固定观念，从而推进自我解放。没有这一点，无论对作者还是对读者来说，一切人类条件上的真正的创作是不可能存在的。这是扩展到文学总体甚至扩展到其他艺术领域都适用的原理。

这样的想象力的活力通过什么方法才能移植到小说写作这一实际行为中去呢？在即将开始具体创作的阶

段，创造出唤起读者想象力的语言结构，这是难以看出客观线索和从外界证明的模糊劳动。如同想象力的激情从内部涌动一样，作者可以把语言写到纸上，但是，怎样才能预料写下的文字成为读者活跃想象力思维的契机呢？写下一个词，这里表现出的静态的形式，是否可以看作是与自己刚刚体验的、高涨的想象力完全不同的、僵死而封闭的意象？作者大概会撕毁写下语言的纸。不过，只有依靠作者的体验，反复实践、不断摸索，才能获取拥有想象力活力的主人公、叙述者和文体以及这些小说展开所需要的根本结构。

立足于这一基本结构，我们每次遇到一个具体的词，就要一边改写，一边把每一个词记录下来。自己能真正记录下唤起读者想象力的每一段落吗？我们为自己反复的怀疑而苦恼。脚踏实地地超越这些怀疑并进行创作，在这样的文章里真正存在支持超越的实际手段吗？我从经验中获得的方法就是确保眼前用语言描述的事物包括人以及人创造出的观念具有**物的感觉**。这就是"陌生化"。

所谓给予一个**物的感觉**是把应有的**物的感觉**模糊化，剥掉表面覆盖的观念性的、解释性的外表，这一侧面至少是存在的。小说中观念性、解释性的语言和句子只会搀杂封闭的、死亡的意象，不会从读者的意识和肉体中唤起想象。它不会成为连接作者和读者的想象力机能的有效媒介物。正因为这是想象力活动的结果，因此它无缘连接作者、读者和现在活动的想象力，也不会带来想象力的再生产，更不会引起生机无限的想象力的爆发。

但是，拥有**物**的感觉的表现，即"陌生化"了的表现怎样才能实现呢？可以从一个表现上剥掉覆盖**物**的观念性、解释性的外表，在作家书写小说的行为过程中即把语言写在纸上并尝试改写的过程中，探索表现的方法。譬如未被抹掉留下来的"肉体"一词，经常给句子增添观念性、解释性的色彩。怎样才能确信这是一个只表达**物**本身而被"陌生化"了的词语呢？本来，语言本身绝不是作为**物**的否定而存在的。

我们再次回到读者的想象力来具体地观察。例如前面讲的勒·克莱吉奥的老鼠。从上下文来看，这是一只差不多移居到了亚当的意识世界中的老鼠。**近视眼的小动物**这一表现方法本身是由人的心理投影所支撑的。但是，这一观念性的老鼠经过倒在体液和淋巴液之中的意象，终于表现出"恐怖"的时候，这只老鼠确实具有唤起想象力的力量，表现出作为**物**的坚固特征。这是只"陌生化"了的老鼠。

我们作为读者遇到具备**物**的感觉的语言、"陌生化"了的表现时，便会以此为契机感觉到自己的想象力开始活动。连接我们与小说结构的想象力纽带只有这一条。为什么具有**物**的感觉的语言、陌生化了的表现可以解放我们的想象力呢？我们从现存的概念中解放出来，以清新的视线观察自己周围的人和事的时候，自己的想象力立刻开始颤动，这似乎可以作为解释的理由。事物与人的赤裸裸的相会以及由此产生的"陌生化"作用，就是所有想象力的出发点。

5　读者与意象的分节

　　小说中唤起读者想象力的（imaginaire）语言结构，这里，我称其为小说的书写语言层面的意象。就像我们对想象力所做的探讨那样，如果把一个更新意象的作用力称为想象力的话，那么这样的语言的意象就存在于我们的意识及无意识的活动中。为了便于从书写语言的层面上进行探讨，我们把小说中唤起读者想象力的语言结构称为意象。

　　这一概念与现存的有关小说意象的思考是一致的。一般来说，由读者的意识和无意识唤起的意象、活跃的意象变化，以及由此引起的语言结构中，书写语言层面的意象被看作是相等的。其实，我的想象力理论的目的就是把有关想象力的考察介入这一接点。

　　在方法上，我想使书写语言层面的意象和程式简单化。这样的意象实际存在于文章段落当中的话，就可以认为是分节的，并以此展开论述。当然这只不过是为了方便起见的概念，针对有关意象、想象力、唤起想象力的语言结构这些原理性的重要概念，应该按照前面我在想象力理论方面的思考方法去理解，而且我将反复回到以前的想象力理论进行思考。

我们举例来具体分析前边叙述的问题。在果戈理（Nikolai Gogol）的标题为《死魂灵》（МеРТвЫе ДУШИ）的小说中，这一最基本层面的语言结构里，广为人知的"ДУШИ"或者它的单数"ДУШа"这一俄语词的原意是**灵魂**，当作**农奴**的数量单位而与农奴谐音。收购死农奴名单的乞乞科夫（Chichikov）在地方小镇受到善意欢迎期间，这一语言结构没有唤起作品中任何人的想象力，没有使他们感到严酷，只不过是开玩笑的话题。然而，当实际上由这个词的结构感到不安（也不过是由买卖农奴会不会赔本引起的不安）的女地主柯罗博奇卡使交易公开化后，小镇上所有人都由于死去的农奴＝死魂灵这一结构本身怪诞的唤起力量，开始发挥自己的想象力，转瞬之间便明白乞乞科夫是一个十恶不赦的人。

因此，这一语言结构（死魂灵）既可以理解为单纯的谐音，也是具有唤起可怕的深层想象力的语言结构。想象力并不属于这一语言结构本身，而是接受这一语言并作为活跃自己想象力的契机，他实际存在于读者当中。我们把承认这一原理过程作为意识存在的前提条件。为方便起见，我用《死魂灵》中的意象形式，作为下面论证的依据。

从一个隐喻到长达数页文章的各个层面来表达某一个意象（这里特别给予这样的意思，也就是唤起读者想象力的语言结构），这是从想象力角度所看到的小说的具体写法。我把小说叙述过程中对各种层面的意象进行分节化看作小说的方法。把有意识地构筑分节的意象群看作具体的小说创作方法。对于小说的读解也可以这样解释。

我们通过意象的分节，来探讨小说创作的方法，过去无人关注这种阅读方法，实际上是从这一角度对彻底进行了意象分节的小说作引人注目的读解，这就成为明确的阅读方法。读解这种意象分节的规范文本，最合适的应该是托马斯·曼的短篇或中篇小说。

于是，我选择了曼的《死于威尼斯》(Der Tod in Venedig)作为文本，基于前面论述的问题进行读解，来探讨把意象分节的小说方法定为作者的创作方向的有效途径（高桥义孝译，新潮社）。

先看文章开头当中最短的一节。这是唤起读者想象力最精彩的语言结构。"古斯塔夫·阿申巴赫或者称冯·阿申巴赫——50岁生日时被授予公爵的贵族称

号——在**历时数月带给欧洲严重危机的19……年春天
的某一个下午，从位于慕尼黑摄政王街的邸宅里独自一
人出来散步。**"（高桥义孝译，新潮社）①

我加着重号的句子模糊不清，甚至有些故弄玄虚。如果限定于开头的这段文字，那么只能说这是一个无任何意义的句子。曼不是有意识地写这句话，他的散文里不可能插入这样的句子。从意象分节化的这一理论来看，这个句子使读者产生消极的期盼，不安的等待，正是起到了唤起想象力机能的作用。而且，小说最终是要应对这样启动的想象力的心理活动。这可以称为笼罩中篇小说整体的想象力结构。

阿申巴赫在散步途中的拜占庭式建筑殡仪馆前发现一个**相貌奇特**的男子。在作为一个隐喻（metaphor）召唤出来的这个男子身上，曼特意赋予了**蒜头鼻子**这一肉体的"陌生化"条件，这表现出他独自的意象分节特征。纵观曼整个的创作生涯，我们能找出丰富多彩的有关鼻子的描写。对曼来说，人的鼻子是他重要的文学符号之一。从《布登勃洛克一家》（Buddenbrooks）开始到他晚年的创作，曼反复把焦点对准鼻子，作为划分作品人物性格特征的意象。

---

① 引文的翻译参考《死于威尼斯》，钱鸿嘉译，上海译文出版社。——译者注

在小说的这一阶段，对这个人物的描写不多，他的作用是模糊的，但这一意象却含有多重意思，承载真正文学意象群（block）的重任，开始实际存在。不过这个人物并不是开头部分的中心。他的出现唤起了阿申巴赫的意识，接下来他被放在这一情节的中心并作为分节的特征。随着小说的进展，作为笼罩小说整体的意象之一，这个男子始终存在于阿申巴赫以及我们读者的意识当中。拥有这样多重含义的意象人物能够起到这种作用的理由，来自于人物性格变化多端以及被分节了的意象。

"不一会儿，他就把他忘了。不知是那个陌生人的逍遥姿态对他的想象力起了作用，还是某种肉体因素或精神因素在起作用，他只十分惊异地觉得内心有一种豁然开朗之感，心里乱糟糟的，同时滋长着年轻人想到远方去漫游的渴望，这种意念非常强烈，非常新奇——这是一种早已磨灭、久已淡忘的遗愿——因而他两手反剪在背后，一动不动地呆立在那里，目不转睛地瞧着地面，审察着自己的心绪和意向。

"这不过是对旅行的热望而已，别的没有什么"。

作为欧洲精神化身的大艺术家就这样踏上了旅途。小说开头部分诱人的情景在旅途的各个阶段都将复活，而且每次都放射出不同的光芒，通过自身对**欧洲精神化**

身的大艺术家进行戏仿。要想通过戏仿的效果使主人公的悲剧性存在得到深化,就必须在这一段落中使意象分节,因为这一段落在意象上的分节可以构成稳固有效的意象群。

阿申巴赫在前往意大利的途中从同船的年轻人里发现了一个奇特的人物。

"其中有一个人穿着过时的蛋黄色夏衣,系着一条红领带,戴着一顶引人注目的巴拿马草帽;他欢腾雀跃,拉开嗓门直叫,声音比任何人都响。阿申巴赫稍稍定神细细打量他一下,惊异地发现他可不是一个青年人。不容怀疑,他是一个老头儿。他的眼圈和嘴角都布满了皱纹。他面颊上的那层淡红色不过是胭脂;周围镶有彩色花边的巴拿马草帽下面棕色的头发,其实是假发;脖子萎缩,青筋毕露,一根根翘起的胡子和下巴下面的小绺胡须,都是染过色的。他笑时露出一口黄牙,只不过是一副起码的假货;两只手食指上戴着印章戒指,一双手完全像老人一样。"

扮成年轻人扎进青年人堆儿里戏闹的老头儿,如同**一个怀孕的老太婆**的意象一样,作为完全颠倒了的荒诞现实主义的意象被分节。有关荒诞现实主义我将在另一章中论述,曼的整个文学生涯中存在对荒诞现实主义偏爱的倾向。单纯为了实现荒诞现实主义的意象而创作的短篇以《矮个先生弗里德曼》（Der Kleine Herr Friedemann）、《托比阿斯·敏德尼克尔》（Tobias Mindemickel）、《路易斯海恩》为代表，数量可观。第一个作品中描写了把脸贴在丰满而妖冶的女人膝盖上诉说爱情的伛偻老头儿被推倒后溺水而死的情节。第二篇小说中，正像作者自己所言，这是一个**令人费解的、难以想象的凄惨故事**。在自己解救的狗身上倾注了感情的拯救者却亲手把狗杀死，失声痛哭。第三篇小说写的是一个律师中了背叛自己的妻子和她的情夫设下的奸计，扮成婴儿洋娃娃跳舞，当他发现自己中了计时，竟绝望而死。

长篇小说的世界里，荒诞现实主义在各种场合下都形成了曼的核心意象分节化的活力。《魔山》（Der Zauberberg）中千年王国的山间生活的所有情节，就像小说人物奈夫特（Naphta）关于**灵魂的世界与表现的世界的产物**所发表的意见那样，总是通过**美的极限是丑，丑的极限是美**这一意象分节。甚至《上帝的选民》描写人出生的原罪与耻辱被神拯救的故事，在读解过程中也不断经受荒诞现实主义的突然袭击。在孤岛上忍受苦难的格里高留斯被人发现变成了一种像刺猬一样的生物，借这次机会他很快成了教皇。

对于荒诞现实主义的嗜好可以看作是曼的本质性格。但是，船上的阿申巴赫所看到的颠倒了的老人形象——**冒牌**青年人，存在于重要的意象群中，在这一中篇的结构里是一个今后将要多次起到机能性作用的、被分节了的意象。让旅途上的大作家发现这样的意象，并与读者共享的方法似乎如同引起旅行欲望的那个面貌奇特的男子一样，作为小说方法而言过于牵强。如下面将要引用的那样，这个老人的形象投影到结合了伟大的欧洲精神的阿申巴赫的内心世界，加深了结构化和分节化的程度。

"可是那个涂脂抹粉的老头儿和青年们混在一起的情景，看上去委实太不顺眼。他那副老骨头的酒量当然及不上那批年富力强的小伙子们，这时已醉得十分可怜。他站着，摇摇晃晃，目光痴呆，一支香烟夹在瑟瑟发抖的手指中间，醉得前俯后仰，好容易才维持住身体的平衡。他再走一步恐怕就要跌跤，动也不敢动一下，但可怜的是他依然兴致勃勃，谁走近他的身边，他就拉住谁的衣扣，结结巴巴地说些什么，扭动着身子，吃吃地笑着，并且伸出那只带戒指的、皱纹密布的食指，显得又蠢又可笑；他莫名其妙地用舌尖舔着嘴角，令人作呕。阿申巴赫看到这副景象，不禁皱起眉头，心里怪不自在。这时他又感到一阵昏眩，仿佛周围的世界又悄悄地无可阻挡地换了一个样，变得光怪陆离，丑恶可笑。"

我们有必要从这里介入，再看一遍曼是以怎样的意象对观察这个丑恶而猥琐的老头儿的大作家本人进行分节的。

"古斯塔夫·冯·阿申巴赫身材在中等稍下，皮肤黝黑，剃修整洁。他的脑袋同他纤弱的身材相比，显得太大了些，他头发向后梳，分开的地方比较稀疏，鬓角处则浓密而花白，从而衬托出一个高高的、皱纹密布而疤痕斑斑的前额。他戴着一副玻璃上不镶边的金质眼镜，眼镜架深陷在粗厚的鼻梁里，鼻子弯成钩状，有一副贵族气派。他的嘴阔而松弛，有时往往突然紧闭，腮帮儿瘦削而多皱纹，长得不错的下巴稍稍有些裂开。看来，变化多端的命运已在他的头部留下了印记，因为他的头老是伤感地歪向一边。不过使作家的命运变形的，不是繁重劳碌的事务和生活，而是艺术。"

这样一个被作者分节了的大作家不会去靠近前面所描写的**假扮**成青年人的老头儿。吸引大作家的对象不是通过符合被分节了的他本人的威严与光辉的形象，也不是靠智慧的磨练与体验，而是靠年轻的肉体表现出来的少年。就像下面所引用的那样，少年的形象被分节化，在作品里的大作家和读者的意识中，他随时都能成为具有思维活力的意象群。

"这个男孩子长得非常俊，阿申巴赫看得呆住了。

他脸色苍白,神态悠闲,一头蜜色的卷发,鼻子挺秀,而且有一张迷人的嘴。他像天使般的纯净可爱,令人想起希腊艺术极盛时代的雕塑品。他秀美的外貌有一种无与伦比的魅力,阿申巴赫觉得无论在自然界或造型艺术中,他从未见过这样精雕细琢的可喜的艺术作品。"

从另外一个角度,即能够涉及少年的内心世界的角度来看,少年的意象被作为分节点,与前面分节的意象区形成**对称**。后来的情节中,阿申巴赫从不同的角度对少年都有新的发现,但是,读者基本上是靠着两种分节法来决定少年的形象的。

"当他看到那家俄国人在屋里悠闲地过着日子时,他顿时怒容满面,现出极度轻蔑的神色。他额上阴沉沉的,嘴角向上翘起,嘴唇狠狠地歪向一方,连腮帮儿也变了形;眉头紧皱得似乎连眼睛也陷下去,眼锋射向下面,显出怒不可遏的模样。他瞧着地面,又恶狠很地向后一瞥,然后使劲地耸了耸肩膀表示不屑一顾,就把他的冤家们扔在后面。

"一种微妙的感觉或某种近乎敬畏和羞愧的惶惑不安的心情,促使阿申巴赫转过脸去,装做什么也没有看到的样子。孩子流露的是一种幼稚的狂热情绪,对听天由命、得过且过的生活态度表示不满,而对神圣的无法表达的超然意境,则赋予了人情味。这个孩子本来只是造物者一件赏心悦目的艺术珍品，现在却博得人们更深的同情；同时，这个刚发育的少年秀外慧中，不同凡俗，使人们有足够理由把他看成是早熟的。"

曼就是这样让作品中的大作家与英俊狂热的少年相遇以后，重新标记出结构上的分节点。尽管遇到了少年，但阿申巴赫还是决定离开威尼斯。从他自己和读者的观点出发，为了使人信服这一决定的合理性，还要通过下一个被分节的威尼斯市区的意象来说明。

"在狭窄的街巷里，天气闷热难当，气压也很低，因而住房里、店铺里、菜馆里都发出各种气味。油腥和其它各种香气混杂在一起，烟雾腾腾，无法散逸。香烟的烟雾似乎在空中凝铸了，好久飘散不开来。狭街小巷里熙熙攘攘的人群，一点也引不起这位散步者的兴趣，反而使他烦躁不安。他路跑得越多，就越是心烦意乱，这也许是海边的空气和内地吹来的热风造成的结果，因而他又激动，又困倦。他一阵阵淌着汗，怪难受的。他的眼睛不听使唤，胸口闷得发慌，好像在发烧，一股血直往额角上冲。他急急忙忙离开了拥挤不堪的商业街，跨过几座桥一直来到贫民区。乞丐们向他纠缠不休，河道上散发着恶浊的气味，他连呼吸也感到不舒畅。终于，他来到威尼斯中心一个静僻的地方，这里无人问津，但却引人入胜。他在喷泉旁边休息一会，揩着额上的汗珠。他觉得非动身回去不可。"

但是,因为出现了偶然的差错,这一出发的决定就失效了。一旦通过这一**结构上的**分节点,对于大作家阿申巴赫来说,就难以阻挡自身向英俊少年无限的倾斜。因此,曼不可能给予作品人物提供任何线索。

只是相隔短暂的时间,大作家对少年的态度就被分节化的两种**对称**的意象所表现。与刚才引用的威尼斯的城市意象密切相关的瘟疫笼罩下的城市意象,以预感的形式被分节,插入两个意象之间。如果没有这一意象的插入,即使试图标记出阶段性的过程,**对称**的两个意象被指责为程序化也是无可奈何的。通过这种**对称**的关系,第一个意象中所包含的欺骗性就会暴露出来。回溯到小说开头的大作家的意象,这里存在的欺骗性也暴露无遗。由此,并不能说这其中的第一意象加上大作家的整体形象倒塌了。只不过加深了对称引起的悲剧性以及荒诞现实主义的印象。

分节后展示的大作家对少年的态度是一个反映出英俊与高贵,并以此作为刻画形象的自己的意象。

"他两眼望着蓝澄澄海水边站着的高傲身影,欣喜若狂地感到他这一眼已真正看到了美的本质——这一形象是神灵构思的产物,是寓于心灵之中唯一纯洁的完美形象，这样完美的肖像和画像，在这里奉若神明，并受到崇拜。这是有一点儿痴的，狂妄的，甚至是贪婪的；这都是这位上了年纪的艺术家唤来的。是的，它只有借助于某种形体，才有可能使人们的思考力上升到更高的境界。说真的，爱神像数学家一样，为了将纯粹形式性的概念传授给不懂事的孩子，必须用图形来帮助理解；上帝也是一样，为了向我们清晰地显示出灵性，就利用人类年轻人的形体与肤色，涂以各种美丽的色彩，使人们永不忘怀，而在看到它以后，又会不禁使人们满怀伤感之情，并燃起了希望之火。

"这就是我们那位醉心于艺术的作家当时的想法，也是他的感受。"

另一个被分节的意象捕捉的是大作家追求英俊少年的过程，至今仍然处于高潮中。"就这样，这位头脑发昏的人不知道，也不想干任何别的事情，只是一味追求他热恋的偶像，对方不在时他就痴想着，而且像堕于情网人们那样，光对着影子倾诉自己的衷曲。他孑然一身，又是异国人，而且为新近的幸福所陶醉，因而有勇气去体验最最荒诞不经的生活而毫无顾忌。于是发生了这么一个插曲：有一天他很晚从威尼斯回来，在饭店二楼那个美少年的房门前蓦地站住了，前额靠在门枢上，久久伫立在那儿不想离开，如醉如痴，也顾不上在这样疯疯癫癫的神态下自己有被捕获的危险。"

饭店的客人们虽然被断绝了信息,但是有关肆虐威尼斯的瘟疫,因为有充分根据,尤其通过阿申巴赫也证实这个消息了。值得关注的是构成这个情节核心意象的分节是通过引入滑稽演员的演技和他的性格的颠倒这一**对称**展示出来。位于市民社会外围的弹唱艺人(**他似乎不是当地人,好像是那波里一带的没落演员**)带领剧团来到孤立于市民之外、滞留在饭店的客人们中间。他的肉体上的意象也有意图地被分节。

"然而真正打动孤独的作家阿申巴赫,从而深深地引起他的注意力的,却是这位可疑的人物似乎也带来了某种可疑的异味。每当唱起副歌来时,这位歌手就手舞足蹈地装着怪样在四周兜了一圈,有时一直走到阿申巴赫的座位旁边,这时从他的衣服和身上,就有一股强烈的石碳酸气味散发出来,一直飘向露台。"

无须赘言,消毒剂、石碳酸的味道就是被瘟疫包围,而官方却掩盖事态真相的城市,其可疑之处的象征。阿申巴赫对来到自己面前收钱的演员询问瘟疫的谣传,可是,演员和饭店的工作人员一样佯装不知,再次开始表演。

"现在他离开听众的距离又很远了,他又变得威风凛凛;他一阵阵传向露台的娇揉造作、厚颜无耻的笑声,似乎变成嘲讽的笑声。每当他唱到歌词的最后一句时,他喉头似乎奇痒难当,不得不尽力把气屏住。他咽下一口气,他的声音颤抖着,他用手捂住了嘴,耸耸肩膀——正好在这个时候,他忽然大叫一声,爆发出一阵放荡不羁的大笑。他笑得那么生龙活虎,以至在座的观众都多少受到感染,露台上也沉浸在一片自发的欢腾之中。……这可使这位歌手更加兴高采烈。他弯弯膝盖,拍拍大腿,摸摸腰部:他准备发作一番。他不再笑了,而是大叫大喊,他用手指着上面那些人,似乎再也没有比这些咯咯笑的人们更为可笑的了;最后,花园里、游廊里的人全都大笑起来。

"……他们的领队一面告别,一面还不遗余力地表演各种滑稽动作,以示点缀。……他曲着身子匍匐走到大门边,装做——惜别的样子。到了那里,他忽地仍下了丑角的面具,一跃而起,昂然挺立,老着脸皮向听众们吐吐舌头,然后消失在夜色里"。

作为阿莱基诺式的滑稽小丑,这些街头艺人构成了分节的意象。就像已经论述过的那样,曼确认了骗子菲力可斯·克鲁尔的神话原形是赫尔美斯,而小丑阿莱基诺是赫尔美斯的后裔。

从这个通篇都被彻底地、有意识地分节了的中篇小说里的意象，再引用一个阿申巴赫的意象就可以达到分析的目的。下面的这个分节的意象与一开始阿申巴赫的形象形成强烈的对比，相反，与在船上的阿申巴赫十分厌恶的**冒牌**青年人的意象却意想不到地形成重叠。提起意想不到时，是因为没有贴近曼的创作意识。

"阿申巴赫舒舒服服地靠在椅上，对理发师所干的事无法拒绝，相反的，他兴奋地抱着满腔希望。从镜子里，他眼看着自己的眉毛弯得更加均匀分明，他的眼梢变得长些了；在眼睑下稍稍画了一下后，他的眼睛更加炯炯有神。他再看看下面：原来皮肤是棕色的、粗糙的，现在可变嫩了，泛上一片鲜艳的洋红色。他的嘴唇，在一分钟前还没有血色，现在可丰满了，像草莓的颜色那样；在涂上雪花膏和肤色恢复青春以后，面颊上、嘴角边及眼圈旁的皱纹一一消失。当他看到镜子里映出一个年轻的身影时，心头不禁怦怦乱跳。……

"阿申巴赫像高高兴兴做了一场梦，恍恍惚惚、战战兢兢地走了。他系的是红领带，戴的是一顶绕着彩色丝带的宽边草帽。"

读到这里我们会觉得赋予船上那个**伪装**成青年的老头儿的语言表达有些夸张。到此处**周围的世界又悄悄地无可阻挡地换了一个样**，才仿佛给予变得**光怪陆离、丑恶可笑**这句话一个确切的内容。同时对于开头部分曼有意识地模糊化，而对写下的这一段"**历时数月带给欧洲严重危机的19……年春天……**"所表现出暗淡的期待、不安的等候却是周密而充分的。

我们已经没有必要重复引用前面固定下来的英俊少年被分节了的意象区、暴力性地颠倒了的另一个情节和紧接下来的主人公死亡的情节。不必再引用曾经代表欧洲精神、从荒诞现实主义颠倒的意义上至今仍然代表这一切的大作家—**冒牌**青年人的突然死亡而导致小说终结的部分。

作家有意识地把意象（如果重复前面使用的定义，即唤起读者想象力的语言结构）分节。在此基础上，通过构筑每一个意象区来组织小说。

按此方法写小说，进而像以前那样，按这种方法读解小说。这会不会隐藏着书写和读解的小说中存在着使其当成片面性的寓言（allegory）危险呢？这样的批判是安全能够预测到的。不过，寓言也未必总是停留在片面性上。小说必须是区别于片面性的寓言、具有不同层面的结构性语言形式。前面论述到的《上帝的选民》的结尾部分不仅限于恩宠的寓言上，而且从多重意义上令人体会到不可疏忽的排斥力，它体现出真正的小说是拒绝片面性的这一本质。

在此，不看寓言而看象征的人，把分节了的意象看作象征,把意象区的结构体看成神话的思维模式,并以此进行思维的人会提出下面的批评,他们会说:用这样的方法创作出的小说不是类似于神话吗?虽然神话是文学的最高境界,但是,不言而喻,生于现代、死于现代的我们写小说并不是为了进行神话再生产这一无望实现的试验。

的确,神话是作为分节了的象征意象的结构体。无论是位于文化中心的神话还是文化边缘的神话,去掉现在流传的、被添加的多余的部分,复原漫长岁月里口头传诵而丧失的部分,这一切全都会以一个乃至更多的被分节的意象出现。

对于《死于威尼斯》吸引人们作为神话读解不可熟视无睹。梦幻中的阿申巴赫因为**不安、欢乐和对于即将到来的事物怀有好奇心而摆出坐立不安的待命姿势**。同时,对于梦幻里出现的"异国之神"的神话,这一作品从最高的层次表明我们这个时代的文学最终还称不上是神话。曼试图使神话回到产生时的原点,让人们随着小说的进展重新体验一个事件,于是,他尝试创作了《约瑟夫小说》(Die Geschichten Jaakobs)。这是一部通过准确地定义每一个词语的意思,使之与意象分节重叠的方法而创作的小说。这里,词语等于意象被周密地分节,神话作为这些意象区的结构体等同于《约瑟夫小

说》。(高桥义孝等译，新潮社)

原始的人类怎样生活在神话当中？现代人又怎样才能生活在神话中？这是一部把这两个神话体验用一种表现形式创作出来的小说。通过引用小说开头的一部分就可以明确我所指出的《约瑟夫小说》的叙述特点。它是作为定义的意象而被分节的，这里定义一词是指**过去**。

"过去这一源泉深邃莫测。

"专门把人类的过去作为讨论的对象时也是可以这样说的。无须赘言，人类这一神奇的存在的秘密正是我们所有讨论的出发点，同时也是终点，它还会使讨论带有困惑、迫切和热情，我们自身包含的行而下的快乐和行而上的悲惨也是这神奇的存在，把这一人类的存在作为讨论的对象时，的确可以说过去这一源泉深不可测。这时我们才明白，对于人类存在的起源、历史和文明的发端越深探究，越是闯入遥远过去的黑暗中，越是难以探测其深度。……

"因此，一般所说的发端只不过是相对的意思。不过是某个社会、民族和宗教团体内部特定传承的发端。当然，不能说过去真正深远的探究已经完结，这是尽人皆知的事实，但是，对于某一集团内部的追忆而言，似乎这种程度就可以满足，有关自己的过去，不再去尝试进一步的探索。

"当我们思考约瑟夫（英年早逝的拉凯尔和雅各布所生之子）青年时代的一切时，也是如此。"

作为我们这个时代的文学，绝不可能创作出与神话重复的小说。这一方法的标准就是意象的分节。在重叠意象分节进行小说创作的同时，为使创作出的小说不会成为单调的、片面化的语言产物，不会陷于人工雕琢的寓言手法之中，我们应该怎么做？探讨这一线索的过程中，我们会从被分节的意象的原有支撑力方面发现目标。作为**欧洲典型的**阿申巴赫是被分节了的意象，在此，称为意象 a，可以用作一个意象群进行分节。这个意象 a 就是作者的意识全部投向其整体的意象。大作家在船上遇到的那个可疑的、具有多重含义的**冒牌**青年＝老头儿的被分节了的意象称为意象 b，这一作为研究提案的意象群可以充分发挥其机能。

被分节的意象 a 和意象 b 各自独立，通过小说各自的部分反映了作者有意识的操作。既然这些意象群都是分别独立的，那么，虽然创作得精致巧妙，但不是结构性的，甚至还可以清楚地看出作者的意图和明显的表现手法。但是，在这部中篇小说中，意象 a 和意象 b 相互对峙，相互把自己的光芒投向对方，由此也产生出了剧烈的矛盾关系。

这一矛盾关系的激化可以说超越了作者意识上能够控制的范围。与此相关，被称为意象 c 的那个**伪装**成年轻人的老头儿阿申巴赫是曼有意识创作出的、与意象 a 或意象 b 形成对比、带有固定价值的、被分节的意象。对于所有作者来说，这属于可以称为超越有意识性的构思并达到高层次的意象。这样，作者成功地实现了超越自身的表现。

前面的说法也许会被反驳，认为这是小说作者方法论中特有的神秘主义。但是，对我来说，从小说作者的经验出发，可以改成下面的说法。即使像曼这样真正的作家，也需要首先实现意象 a 和意象 b 成为分节的意象，使各个意象群在激烈的对立关系上，互相作用发挥机能，如果没有这样的场，就不能到达小说核心的被分节的意象 c。小说只有靠各种被分节的意象结构，有意识地操作，才能成为超越作者意识的浑然一体的结构体。

这样，通过有意识地读解被分节化的意象构成的小说，读者参与到这个小说的结构体中。并且，在读解各个分节了的意象的过程中，自己按每个意象群把意象分离，在此基础上，再把各个意象群连接起来往下读解，此时读者将达到对小说最有效的参与。

从本质上来说,读解小说是能动性的活动,但是读者很少能够意识到具体的感受就是自己能动地参加了文学的创造。我提出的是按意象群来把握被分节的意象,以实际感受作为真实经验的读解方法。

6 个体、整体与骗子的模式

"不对,那种体验不是这样的,它远远超出了这一体验。绝不是这样就能表现出来的,那是比这种情景还要奇特而巨大的。从那个日子发生的恐怖事件的整体来看,这里有许多遗漏的地方。"每当有人以广岛、长崎原子弹爆炸的记录为依据创作出新的文学作品时,总会受到原子弹受害者有形或无形的批评。这种批评来自于原子弹受害者又要从整体上重新体验一次那个无法比较的异常的日子。对原子弹受害者来说,这种意识越强烈,就会对眼前触动他们的作品越发不满。

当我们站在原子弹受害者的意识和肉体的角度进行思考时,就要重新认识原子弹受害的整体到底是什么。一个受害者对于原子弹受害者的个别描写提出异议,认为这样的描写不是那一奇特体验的全貌,否定并且超越的就是没有被表现出来的意识与肉体的感受,这是他们整体的最终目标。但是,即使超越那些不足以完整描写原爆经验的作品，个别受害者的意识以及自身切肤感觉的经验仍不足以称为原爆受难经验的整体。如果我们按照这一逻辑进行思考的话，作为自发于意识与肉体活动所表现出来的明确化的整体不就是"整体是什么？"这一问题的实质吗？至少，这是人类不断以整体为目标，能够在自己的意识和肉体中真实感受到的证据。

我们要再进一步追问：小说表现的整体是什么？如果把这一问题具体化，前边叙述的内容就会更加明确。一个作者不可能把人类的全貌原封不动地写下来。艺术的表现是靠把接受者的意识和肉体作为活生生的事物而实现的。表现者创作的实质是为了从接受者的意识和肉体里引出实现表现的结构。

所谓表现的整体取决于表现者在创造出的作品中，怎样从接受者的意识和肉体里唤起一种动力。这是一种可以充分超越整体的具有深远的势力范围以及方向性的动力。所谓想象力是一种内发力，它可以使人的意识和肉体具有前进的方向性，可以使**现实存在的**人把自己投向难以达到的境地。

既然表现的行为是靠想象力获得超越能力者的意识与肉体的行为，那么，表现本来就是让人奔赴整体的人的行为。可以换一个角度来考虑解决问题的方法，在某一个表现上，不能实现超越整体的时候，应该追问是什么妨碍了整体前进的方向。我们应该使表现者获得自由，按照表现的本质特点面向整体并恢复其表现。

托尔斯泰为了创造出《战争与和平》整体的视点，首先展示一个视点捕捉到的世界，其次，引导出一个超越这个视点的视点，重新展示第二个视点捕捉到的世界。再次，引导出超越这个视点的视点……通过这样的结构使描写出的世界多层化，最终创造出彻底的多样性。托尔斯泰的这一特征是依靠引导出两个以上的视点捕捉到的世界中各自存在的矛盾以及**时间**的要素，使其拥有矛盾本身的意义。最典型性地表现出托尔斯泰式结构的例子是有关安德烈·保尔康斯基死亡片段的描写。

如果我们把托尔斯泰记述的每一行为都作为事实来理解，暂且不顾**时间**的要素，使小说所有的细节部分都作为共时性真实存在的话，安德烈就成为一个生死多次的人。拿破仑在阿乌斯台尔利兹战场发现被炮弹击中倒在血泊里的安德烈时说道："啊！死得真美！"实际上在这分节为两个意象而连在一起的情节中，托尔斯泰并没有证实安德烈已经死了。但是，当发现安德烈还活着被抬到拿破仑的御医面前时，应该说死亡的阴影胜过生存。因为随着御医诊断说这个患者已经没救了，安德烈便从我们的视线中消失了。而且，即便在这一阶段我们留神地阅读,也还不能判断安德烈已经死去。

视点移到安德烈的家乡,老公爵似乎认为儿子的死亡已成事实,可是,妹妹玛利亚还在等待着安德烈的生还。假设这一阶段托尔斯泰也没有暗示安德烈已经死亡,接下来是安德烈突然回家的情节,这简直就像死去的人复活见到了自己的妻子难产死亡及其同时的新生命诞生的情景,这种神话般的意象是极其强烈而深远的。

不久,安德烈为了抵抗拿破仑的再度侵略奔赴保罗既诺战场。在战场上安德烈再次被榴弹炸伤了腹部。"要是腹部受伤可就没救了。"军官的话听起来像是预告了死亡即刻到来,接下来,安德烈在包扎所体验到意识的恢复,之后,死亡似乎立刻到来,这属于自然的写法,小说是采用这一写法表现的。但是,如果托尔斯泰坚持说:我没有写安德烈已经死亡,那也确实如此。

但在彼挨尔·别素号夫从战场上回莫斯科的途中,托尔斯泰清楚地写道:"途中彼挨尔了解到自己的内兄和安德烈公爵的死亡。"当然,这个时候安德烈并没有死。这里需要提醒人们注意的是彼挨尔的特殊素质。在他这次回莫斯科的旅途之前,曾经**在梦中**见到启发自己加入共济会、使自己获得信仰的恩人复活的情节,他为此感到高兴。他还自以为曾在决斗中把妻子的情人**杀了**,而把抑制很久的感情发泄到妻子的身上,最终把妻子赶走了。实际上，从我们读者来看，这个决斗的对手在小说中也是先**死亡**，后来又活过来的。这样描写出的死亡的多层化与对安德烈本身不断深化死亡的省察相结合，使终于到来的公爵的最后死亡完全具备结构性的深度。谁都不可否认：这是依靠观察整体的视点所进行的对死亡的表现。

《战争与和平》从整体上描写了两次战争，首先，第一次战争是通过彼得堡社交界的议论表现出来的，从表面上看，它与腥风血雨的泥泞战场相距甚远。接着小说向 1805 年战争的现场大转移，形形色色的人物按照他们与战争的关联程度和个性，展示出多样性的对待战争的态度和观点。这就是用基本的方法创造出的观察战争整体的视点。托尔斯泰通过作品中人物的**个体**所看到、所思考的战争加上靠集体想象力所捕捉的战争描写，使自己的介入合理化。"现在大敌当前，每个人对于这种事不用仔细考虑也可以直接感觉到。而且，这样的感情会给予现在这一瞬间产生的所有事情闪烁的光辉和愉快而鲜明的印象。"（L. N. 托尔斯泰著，米川正夫译，《战争与和平》，岩波书店）

通过一个战斗的场面让两个作品里的人物用各自**个体**的视点来捕捉，就可以把一个情景提升为整体性的情景。这个例子描写的是，在全线失败的情况下，只有炮兵阵地还在勇敢正直的大尉指挥下坚持战斗。这场战斗先是以贴近大尉的视点进行描写。从安德烈公爵来传达命令之后加入了新的视点。这一视点发现了作为战斗的一部分而没有通过大尉的意识显现出来的深刻而敏锐的意象。"……最初映入眼帘的是一匹腿被打断的脱缰的军马。这匹马站在另一匹系在车上的马旁边嘶鸣,血像泉涌一样从马腿上流出。"

尽管形式多样,但它是参与战争的**个体**的视点,接下来一举上升到高空,形成具有宏观力量的巨大视点,纵览战场的**整体**。"在黑暗中他们好像是一条不可见的忧郁的河,朝着一个方向在流动,嗡嗡地发出低语声、谈话声、马蹄和轮辗声。在一般的喧嚣声中,伤兵在黑夜里的呻吟和说话声,比一切其它的声音更加清晰。他们的呻吟好像充满了那包围军队的全部黑暗。他们的呻吟和夜的黑暗融为一体了。过了片刻,在运动的人群中发生了骚动。"①

托尔斯泰并没有把上升到宏观认识高度的视点直接固定下来。而是在总揽**整体**的视点和贴近**个体**潜入内部密切观察的视点之间,创造出活跃的相互运动,使小说进入战争的整体化。有关托尔斯泰各个层面上的"陌

---

① 高植译:《战争与和平》,上海译文出版社,1981年9月。以下段落引文的翻译均参考此书。——译者注

生化"我已经论述过，这里可以称为小说视点层面上的"陌生化"。

"依然在浓雾中前进了一个小时，这时候，队伍的大部分必须停下来。大概秩序出现了混乱吧，这种令人不快的意识在队列间蔓延。这种意识怎样蔓延很难说清楚。这一意识传播得异样准确，不容怀疑那强烈的势头就像流入洼地的水一样，尽管不显眼，但也堵不住。"此处构成的连接**整个**集体和**个体**内部的接点是**不愉快的意识**。**个体**体验到的人的情感最终成为**整体**的情感。这里已经结构化了的**个体**＝集体的活力，它永远生存，不断持续，唤起现场的壮观场面。我们读解小说时要跟随托尔斯泰观察战争**整体**的视点，这样，结构的深度就会得到扩大。战争就是这样被"陌生化"的。

当《战争与和平》写到1812年的第二次战争时，托尔斯泰为后来反复出现的战争论的展开作了充分的准备。到这个时候，他的考察直接关系到**个体**与**整体**的课题。"每个人都为他自己而生活，利用他自己的自由去达到他个人的目的，并且凭他整个的身心感觉到，他能立刻去做出或者不做出某种行为；但是，他一旦做出了某种行为，这个在某一段时间内所做出的行为便不能挽回，并且成为历史的所有物，它在历史上的意义不是自由的，而是预先命定的。……／一个人为他自己有意识地生活着,但他是全人类达到历史目的的一种无意识的工具。"

因此,托尔斯泰致力于集中描写多样化的**个体**及他们与战争有关的生活方式。**个体**与**个体**的生活方式相互比较,相互衬托。而且,在这样相对化的形形色色的**个体**填补这部小说基本层面的同时,被"陌生化"的战争最终作为整体的结构浮现出来。这里表现了位于战争结构最上层相对峙的双方,即位居国王的拿破仑与库图索夫将军。从他们身上体现了"国王——是历史的奴隶"这一历史观。尤其是库图索夫他不是靠自己的战略、战术去指挥战争,而是因为拿破仑的军队侵入了祖国的腹地而使他不知不觉地被"陌生化"成一个通向胜利的将军。

这样,托尔斯泰积累了多种结构,对所有战争论持否定和相对化的观点。所有的战争论都被"陌生化"。终于,战争**整体**的具备物的反作用被表现出来。可以说,完整的小说与小说中人物的平行关系就是符合这一历史观的整体与个体的关系。托尔斯泰反复论述战争这一历史整体的同时,也在说明小说的整体性是怎样形成的。其结果是,这部长篇小说描写完两次战争的时候,我们就会从连续阅读的过程中获得一种感动,那是一种对小说的整体性得以实现的感动,作为一个**个体**的人终于能够表现出**整体**的感动。从根本上使我们看到了小说这一艺术形式的"陌生化"。

正像前面叙述的那样,《战争与和平》中的彼挨尔·别素号夫是一个特别的人物类型。经历过各种环境的彼挨尔这个人的"陌生化"最终实现了不寻常的人性素质。彼挨尔最初登场时被"陌生化"成一个小丑。在蔑视他的社交界的人们的眼里,彼挨尔是一个与无聊的浪荡公子们一起把署长绑在熊背上让他游泳的小丑,他把自己看成是一个"既没有名誉也没有财产的""私生子"。而且,他还从人生阅历丰富的高等宫女身上引发了一种奇妙的感情,"发现了一种与环境不符的大气"。尽管他是一个小丑,但他是一个被"陌生化"的、超乎常人的巨大小丑。

彼挨尔意外地得到了俄罗斯最大的一笔遗产。从继承这笔遗产到拒绝结婚,彼挨尔被描写成为另一种被"陌生化"的小丑。特别是从微观的视点对少女肉体的观察(这也是肉体的"陌生化",我们不再一一细数托尔斯泰那彻底的"陌生化"方法),以及决定和她结婚时奇怪而自信的心理状态的描写,可以看出他完全是一个彻头彻尾的小丑。他还是一个"戴绿帽子"的小丑,在宴会上成为笑料,于是,引起了一场决斗的闹剧。

彼埃尔在这次决斗中取胜活了下来，成为共济会的成员。皈依教会以后，他常到领地巡回，尝试改革各种制度，表现出既正统又滑稽的双重性格。作者让我们看到的是一个装扮成共济会员的小丑。后来彼埃尔奔赴战场，又一次扮演了小丑形象。他留在被法军占领的莫斯科后，像舞台上的滑稽小丑那样出尽了风头，他雄心勃勃地要杀害拿破仑—非基督徒，在大火和掠夺的现场偶然性地发挥了英雄主义，结果遭到逮捕面临死刑的危机，接着又作为撤退的法军俘虏，被迫踏上漫长的征程。跋涉途中，彼埃尔遇到了兼有小丑和圣人双重性格的农民出身的士兵卡拉他耶夫，这个人物给他留下了深刻的印象。正因为是小丑才要经历一番曲折，在我们的眼里彼埃尔并没有抹掉小丑的色彩，但是，开始呈现出小丑—圣人的面孔。

"'哈哈哈！'彼埃尔笑着。他大声地、自言自语地说：'哨兵不让我过去。他们抓住我，把我关起来。他们俘虏了我。我是谁？我吗？我的灵魂是不朽的！哈哈哈！哈哈哈……'他含泪笑着说。/……彼埃尔看了看天和在远处闪烁的星斗。'这一切都是我的，这一切都在我的心中，这一切就是我！'彼埃尔心里想。'他们把这一切都抓起来，关进木板钉成的棚子里！'"

作为具有整体性的高大的主人公，托尔斯泰为什么选择了这样一个混合了小丑与圣人形象的人物，让他从地理上和阶层上的双重角度游历俄罗斯呢？我已经叙述过穆齐尔和曼引用赫美斯神的后裔阿尔莱基诺型的小丑而使自己拥有了丰富多彩的充满生机活力的想象力源泉。我打算把边缘世界里的小丑原形与欧洲世界的小丑相对照，以此为线索进行分析。

人类学家保罗·赖定（Paul Radin）搜集并介绍危内巴哥·印地安（Winnebago Indians）的骗子的神话，他作了如下说明："在北美印地安所看到的最初的和最古老的形式当中，骗子是一个欺骗别人、自己也受骗的人物，他既是创造者也是破坏者，是给予者也是反对者。他并不是有意识地想得到什么。他似乎具有难以抑制的冲动，总是不得已地表现自己。他虽不知有善恶，却对善恶负有责任。他没有道德和社会的价值观，为情感和食欲所左右，但是，却产生了所有价值。"（P. 赖定、K. 凯来尼等著，皆河宗一等译，《骗子》，晶文社）

最初骗子是一个村子的首领。因为屡次在为准备出征而举行宴会时，和女人上床，而延误了出征时机，使准备活动化为泡影，他是一个反社会的形象。当他和士兵奔赴战场投入战斗时，经常把战斗中不可缺少的小船、行囊和武器全部丢弃。而且决定自己一个人去战斗,让跟随他出征的人全部撤回。"首领离开这里,一个人往前走去。他一边走一边对世上所有的事物都称呼'弟兄们!'他和世界上的所有事物都互相理解,连对方的语言也能听得懂。"

骗子徒步向前。骗子的神话里他几乎总是在行走。他设下圈套杀死野牛。他和狐狸争夺骗到手的鸭子。他的左手和右手沾满鲜血,互相吵架。

"骗子烤自己的屁股。他把屁股靠在了燃烧的木柴上。然后,离开了这里。/他上路了,他坚信这条路一定有人走过,因为好像有人踩过的痕迹。突然,他碰到一块从人身上掉出来的脂肪。'是谁把杀死的动物切成了块儿!'他自言自语地说。然后,他捡起一块儿吃了。味道鲜美。'哎呀!这东西吃起来味道美极了!'可是,过了一会儿,他大吃一惊,明白吃的是自己身体的一部分,是自己肠子的一部分。烤完自己的屁股后,肠子也萎缩了,一块一块地脱落,那就是他捡到的东西。'哎呀!人家叫我骗子,叫我傻瓜一点没错!大家都这样叫我,终于就把我变成了骗子、傻瓜!'后来,他把肠子接在了一起。可是大的地方没有了。因为他把两条肠子拉长接在一起,便出现了皱纹和凹凸。所以,人类的屁股就成了今天这个样子。"

作者是怎样以流浪世界的骗子为媒介，把充满生机的世界活生生地表现出来呢？一个人左手和右手分别把对方作为他者来认识的段落，与构成世界的基本宇宙观是相关联的。清除了人和动物、草木被概念上固定的含义，便重新构成了具有想象力弹性的事物。我们与骗子一起把世界的整体纳入自己的经验，并赋予自己的表现。从人的狩猎行为的根源性意识到人的肛门是怎样形成的，我们彻底地学到了骗子对待世界的态度。而且，逗笑的同时我们对世界的固定观念也被打破。我写的虽然是我们，但是，如果我们＝危内巴哥·印第安的话，如果把这个骗子的神话作为部族共同拥有的财富的话，神话所产生的能量的确是巨大而深远的。

　　从宇宙的范围来认识社会和世界这一结构的时候，神话是一个**个体**如何认识这个结构的**整体**的方法。如何回答**整体**是什么这一根本的疑问呢？可以从神话中寻找到答案，神话就是为了满足这一重大课题而发明的。作为神话表现的方法，危内巴哥·印第安骗子的构思新颖别致。它鲜明地表现了面向宇宙的社会及世界的结构与人的行为的关系。我们把话题转到日本近、现代文学来看，大冈升平的《野火》的主人公的"陌生化"最接近骗子神话。在战败后的战场上不得不脱离军队**群体**的一个士兵即《野火》的主人公，他的生存方式、对事物的看法、行为方式,直接让我们想起危内巴哥·印地安的骗子。

我想把《野火》中的一节与前面的骗子神话的说明和引用进行对比。主人公被逼迫吃人肉时,他的右手和左手展开对立、抗争。

"这时,奇怪的事情发生了。我的左手握住了持刀的右手的手腕。这一奇怪的动作后来成为我左手的习惯动作。每当我想吃那些禁止吃的东西时,我的左手就不自觉地动起来,尽管食物还没有摆在自己的面前,我的左手已经从上面去握拿汤匙的手,也就是右手的手腕。"《野火》的主人公处于最恶劣的困境:他是即将饿死的人,他只能吃人,不吃就要饿死。否则,他也处于可能被吃掉的境地。"后来爆炸声响起来了。弹片从我的肩上剜去了一块肉。我捡起掉在地上的那块肉,擦去上面的泥,立刻放进口中。/我吃自己的肉,显然这是我的自由。"

《野火》的主人公是一个士兵,他是使用骗子的手法从**群体**中脱离出来的。一旦被开除,他会主动地接受这样的境遇坚强地活下去。在莱亦台岛的恶劣环境中,他是一个被日本人承认的唯一被社会(=军队)开除的反社会英雄。他别无选择,只有在大自然中漫游。在大自然中,他感到很大的自由。他把这种状态等同于自己选择的状态。最后状态就这样具有了双层含义。"我喜欢奇怪的观念。这一观念就是**即使这条路是我生来第一次经过的，我也不会再走一次**。我站在那里环顾四周。""我不知不觉地迈开了脚步。我一边走，一边回味袭上心头的奇怪的观念。我确信这是一种荒唐。一种秘密的喜悦，一种执着存在于我心中的观念。"

山口昌男对骗子这种神话的文化意义作了如下的概括："小丑＝骗子的行为告诫人们执着于某种现实的状态是毫无意义的。也可以说，'首尾一致性'的最终目的就是拘泥于一个现实状态，拒绝它就是同时生活在各种'现实'中，自由往返其间，通过使世界隐藏的面貌不断地表面化，开发更加活跃的宇宙论层次的精神世界"(《骗子》解说)。山口还给骗子下了一个简明的定义，介绍了"两重含义的人格化（personification）"。当《野火》的主人公从菲律宾人的草棚里抢夺玉米的这一反伦理性的行为出现时，马上受到面黄肌瘦的当地人的嘲弄和报复。这使我们想起骗子和小动物之间虚虚实实的战斗。眼看就要卷入战斗的主人公从危险当中逃脱出来，他没有去救助自己军队的伤兵，而是一个人在哄然大笑。通过这一反社会化的行为，反而打开了和宇宙的交流道路。"我叹了一口气。要是死了的话，我的意识一定变得空无，肉体也会融解到宇宙这个大物质中去，不会停止存在的吧！我会永远活下去的！"

前面已经引用过，主人公通过吃自己的肉一方面驳斥了触犯嗜食人肉禁忌的人，另一方面也丢掉了自己内心拒绝吃人肉的伦理。他就是这样从精神上和肉体上冲破军队的束缚而自由出入世界（他把从军队中领到枪早已扔到了水里），在蕴含敌意的大自然中流浪，在克服各种阻力后，突然，他成为**天怒的必然的代言人**。

如果按照骗子的模式来理解，彼挨尔·别素号夫这一小丑式的人物作为表现**整体**的方法论的媒介被塑造得栩栩如生，这是一目了然的。彼挨尔开始只是一个反社会、搞恶作剧的小丑。这个小丑成为俄罗斯最大的遗产继承人，这一冲击使贵族社会翻了个底儿朝天。小丑彼挨尔的本质没有变化，社会一方却主动地接纳了他。依靠强大的财力，彼挨尔成为横贯俄罗斯的漫游者。即使如此，小丑仍是小丑，他受到包括妻子在内的各种人的欺骗，无奈之下他陷于决斗的困境，尽管他的决斗方式非常滑稽（正因为是小丑的决斗！），但是他却彻底地把对手打败了。这个小丑彼挨尔的行动反复无常、没有条理，他漫游的足迹遍及城市、乡村、宫廷、上流社会、秘密组织、战场、监狱。在所到之处，一旦他显示出充满活力的生活方式，这些地方就会把各种状态全部显示给我们。而且，在彼挨尔像小丑那样永不停止漫游的时候，即使他在实际漫游的地方哀叹："哎呀！人家叫我骗子，叫我傻瓜一点没错！"听起来也是很自然的。彼挨尔逐渐实现着自己结构坚实的整体性。

骗子在漫游的沿途，完成了更新世界结构的**整体**含义上的工作。然后，显现出作为伟大使者的自我。这尽管突然，我们却看到了一个完全不可揣测的既愚蠢又聪明的人物。在他不得不大量捕食小动物的漫游期间，这个世界的结构一个接一个地呈现在我们的面前。既然如此，我们对骗子的另外一副面孔也就不会感到不自然。与此相呼应的是彼挨尔这个小丑＝骗子漫游世界后成为了一个伟大的人物，这并不出乎我们的意料。

"骗子在村子里住了很久，生了许多孩子。一天他说：'我不能在这里住下去了。在这里住得太久了。我要去周游世界，结交四海朋友。孩子们也都长大了。我不能就这样碌碌无为。'／于是，他开始漫游世界。他从密西西比河边出发顺流而下。他认为密西西比河是神灵的村庄，这条河是主要的道路。他知道河上住着印第安人，他要改变妨碍印第安的一切事物。他突然想到自己是地球缔造者赐予地球的。为此，他把河岸边的所有障碍都清除了。"

后来，骗子漂向大海，升天了。

经过了两次战争，又体验了从以宫廷为中心的社交界到死囚的牢房以及被俘这样的变幻莫测的人生以后，彼挨尔同样是一个通过周游世界而使世界的各种机能活跃起来的骗子。他没有像骗子那样最后升天，但是，从他和战争结束后成为自己妻子的娜塔莎平和的对话当中，可以清楚地看到他今后将要完成一番大事业的气概。"我在彼得堡，我觉得没有我，一切都要解体。人人坚持他自己的主张。但我能把大家联合在一起，后来我的想法是那么简单明白。我并不说我们应该反对这个那个。我们也许是错误的。我说：爱好正义的人们，联合起来吧，让我们只有一个旗帜——积极的美德。"

如果他那具有献身精神的妻子会感到困惑的话，那只有一个原因。"难道这么一个重要的并且是社会所需要的人——同时又是我的丈夫吗？怎么会是这样的呢？"消除她的困惑的语言应该是这样的：要问为什么会这样？娜塔莎，那是因为你的丈夫是骗子啊！

我们从作者的书信中了解到，《战争与和平》的总体构思是想描写克里米亚战争刚结束、服刑 30 年期满回到莫斯科的代卡布里斯特老夫妻所看到的俄罗斯。托尔斯泰按照这一整体构思开始写作时，实际上多次碰到了必须把作品里写下的现在时回溯到过去的问题。经过反复修改，托尔斯泰意识到只有回忆描写代卡布里斯特老夫妻的经历而且超越"文化认同危机"的两次战争时代，才能使作品整体的构思具体化。于是，写完了在两次战争期间度过青年时代的彼挨尔和娜塔莎为中心的故事以后，托尔斯泰已经没有心情把这一构思继续下去了。最终，他没有描写从西伯利亚回来的代卡布里斯特老夫妻以及他们所看到的俄罗斯。因为，这一构思已经不需要了。

当我们阅读到《战争与和平》中由彼挨尔和娜塔莎那心平气和的对话结束的最后一幕时，我们的意识和肉体凭借这一情节激发的想象力，把彼挨尔和娜塔莎推向从**眼前**展开的整体的世界。让彼挨尔和娜塔莎实现面向自身结构整体的超越。我们自身的意识（包括无意识）和肉体也与他们一起整体向前方推进。把我们的想象力作为喷射器，从别素号夫夫妻被迫参加代卡布里斯特的运动，又被迫遭受挫折，直到经历30年流放的未来的时间。我们确信只有从实际小说结束的当时起，跟随在别素号夫夫妻的身边，自己选择遥远而广阔的未来时间，而别无他途。

因为，这正是《战争与和平》的整体所预备的骗子式的小丑彼挨尔和他的妻子升天的行为。也就是他们向自身整体性跳跃的途径。当我们阅读完《战争与和平》的时候，我们与别素号夫夫妻共同拥有了这一面向**整体**

的目标。这就是我们为什么不能站在重新归来的老代卡布里斯特夫妻一边来观察克里米亚战争结束后的俄罗斯的原因,而且,我们=读者也不可能与托尔斯泰一起成为生活在克里米亚战争结束后的**现代**一员。不言而喻,托尔斯泰首先是为同时代的本国人创作的。尽管我们与托尔斯泰相处不同的国家、不同的时代,但是,把《战争与和平》作为自己的意识与肉体中活生生的真实故事阅读后,我们也会激活面向**整体**的目标,来观察自己生活的年代。这时,没有人会说我们看到的托尔斯泰最初从总体层面构思出来的这部小说与目标没有关联。这里存在着小说超越时间、面向**整体**的目标。

7 戏仿及其展开

我有这样一个经历,每次阅读《堂吉诃德》下集时,作品复杂的结构都会给我留下奇怪的印象。堂吉诃德与桑丘·潘沙作为公爵家的客人,在主人一家设下的圈套中不得不完成奇态百出的冒险。他俩受到极大的嘲笑,受到戏弄的二人那难以捉摸的素质逐渐地明朗化。其中被称为"悲凄夫人"的冒险就是他们的故事之一。

俩人为了拯救因中了魔法师的魔法而长出胡子的老妇,必须骑上空中飞翔的木马可赖木揿扭(这个名字本身有语言的特殊含义,"揿扭"是木头的意思、"可赖木哈"是螺丝的意思)到遥远的地方去。堂吉诃德勇敢而耿直地挺身冒险,桑丘·潘沙仍然是耍嘴皮子盘算着逃跑。但是,最终逃脱不了的桑丘·潘沙只能按照主人的吩咐蒙上了双眼,"刚蒙上,他又露出眼来,用泪汪汪的慈祥的眼睛环视着庭院里的人",留下一句"请为我祈祷"后便与堂吉诃德一起跨上了木马。

(M. de 塞万提斯著，永田宽定译，《堂吉诃德》，岩波书店）①

"堂吉诃德觉得一切就绪，就去拧那个关捩子。他刚摸上，一群傅姆和花园里所有的人都喊道：／'英勇的骑士啊，上帝指引你！'／'大胆的侍从啊，上帝保佑你！'／'你们这会儿已经上天了，冲着风直往前去，比射出的箭还快！'／……桑丘听到了喊声，紧紧挨着主人，两臂抱着他说：／'先生，他们讲话咱们都听得见，而且就在身边似的，怎么说咱们已经飞得那么高了呢？'／'桑丘，你别理会这种事；这就和飞行一样都不合自然界的规律。即使离开了他们一千哩瓦，也随你什么都看得见、听得到。你别死抱着我呀，你要把我扳倒了。我真不懂你干吗这样慌张。我敢发誓，我一辈子没乘过更平稳的坐骑，简直好象一步都没挪动似的。朋友啊，别害怕，事情实在很顺利，好风正在吹送咱们。'"

戏弄他们的人正用风箱鼓起风。

"堂吉诃德觉得风吹，就说：／'咱们现在一定是到了冰雹雪花的老家、那第二层天。雷电霹雳的老家是第三层天。如果照这样再升上去就要到火焰天了。我还不

---

① 以下引文的翻译参考杨绛译《堂吉诃德》（人民文学出版社，1978年版）。——译者注

知道怎样操纵这个关捩子，才免得上升到烧身的熊熊大火里去。'/这时公爵家人用竿子挑着小撮儿易燃易灭的亚麻，远远地熏他们的脸。桑丘感到灼热，说道：/'我可以打赌，着火的那层天咱们准到了，或者很近了，因为我的胡子大部分烤糊了。先生，我想露眼瞧瞧咱们现在在哪儿呢？'/堂吉诃德说：'这可要不得。'

在主仆二人身旁听到这样的对话得到快乐的人们"要结束这场精心策划的大胡闹，就用亚麻点火烧着可赖木捩扭的尾巴。马肚子里装满花炮，立即劈劈啪啪一阵子爆炸，把烤得半焦的堂吉诃德和桑丘·潘沙抛在地下"。

对于这次木马旅行，桑丘·潘沙立刻作了叙述。"'夫人，我觉得我们飞到了火焰山——这是据我主人说的；我想露一缝眼瞧瞧，可是我主人不准。我呢，有那么一点点儿好奇心，不让知道的越想知道。我偷偷儿把蒙眼的手绢靠鼻子那儿扳开一缝，向地球望了一眼。我觉得整个地球还没有一粒芥子大，上面来来往往的人只比榛子稍微大些；可见我们飞得多高了。'/……堂吉诃德凑到桑丘耳边说：/'桑丘，你如要人家相信你在天上的经历，我就要你相信我在蒙德西诺斯洞里的经历。我不用多说。'"

不言而喻，《堂吉诃德》本来是作为骑士传说的戏仿作品而构思的，而且，以牧民小说的模仿为主，其中采纳了多种多样的戏仿手法。构成其戏仿结构骨架的是一个痴迷于骑士传说、年近半百的乡绅，在一个难以想象骑士能够生存的时代里，敢于进行骑士冒险的构思。骑士挑选农民桑丘·潘沙为侍从。仅靠小说主线的戏仿结构也能完成这一作品。堂吉诃德与桑丘·潘沙主仆二人首先向风车挑战。凭借最初的这次冒险，戏仿的结构全部被展开。据说塞万提斯（Miguel Cervantes）原先只不过是构思了一篇以这一插曲为主的滑稽中篇。尽管可以就此结束小说，但是，堂吉诃德与桑丘·潘沙这一文学结构中却孕育着巨大的力量。小说靠自发的力量继续进行。而且，塞万提斯并不是重复最初完成的戏仿的框架。重复的戏仿就会失去戏仿本来具有的批判性活力。塞万提斯并没有陷于这样的停滞状态。

新的戏仿装置一个接一个地启动，保持了堂吉诃德与桑丘·潘沙的不容疏忽的新鲜感。戏仿赋予了他们灵活的感觉。但是，塞万提斯却一直坚持说《堂吉诃德》这一作品是对阿拉伯作家熙德·阿默德·贝南黑利（Cide Hamete Benengli）作品的翻译和改编。由于上集评价很高，写到续集后，有人把**假的**《堂吉诃德》给漫游世界的堂吉诃德主仆看，并且，声称见到了**假的**堂吉诃德主仆，对此，主仆二人主张自己才是真的堂吉诃德与桑丘·潘沙。这样不断的戏仿使读者的想象力总是处于活跃状态，而且，现代的读者与这种活力并不矛盾。那是塞万提斯通过层层重叠、形式多样的戏仿所奠定的具有丰富活力的小说根基。

让我们回到前面刚引用过的《堂吉诃德》续集里的情景来讨论戏仿的多面化实质。成为作品中基本戏仿骨架的是花园里陈设的木马在天空飞翔的笑话。了解这个结构的一方是等候欣赏笑话的公爵与佣人（a）。不了解这个结构被迫骑上木马成为取笑对象的是堂吉诃德主仆二人（b、b'）。这一阶段是《堂吉诃德》戏仿的最初形式，痴迷于骑士传奇的乡绅与滑稽的胆小鬼侍从在这一设定中发挥了作用。

但是，桑丘·潘沙不得已骑上木马，他那双面对 a 的泪眼汪汪的善良眼睛，使读者意识到 b' 早已不是单纯的闹剧式的人物框架中的人物，也就是说《堂吉诃德》基本框架的固定化遭到了超越。这也是戏仿的效果之一。这也可以称为堂吉诃德主仆二人最初意象的"陌生化"。

a 按预先准备好的步骤行动，木马一飞向天空就发出**假的**欢呼声，b' 从一般常识上表示出怀疑，b 用自己的幻术从更高的层次给予否定。但是，对于恐惧空中飞翔的 b′，b 一边观察一边安慰他说：这是世上最平稳的坐骑。接着，当 a 用火恶作剧时，b 从宇宙论的高度进行解释，b′则提出揭开眼罩看一看这一神秘的木马。结果，b、b′被焰火击中，从而结束了木马旅行。b′对 a 滔滔不绝地叙述了他不可能看到的空中景象，当然，这是与 b 的宇宙观相对应的。由此，读者甚至会怀疑精心策划这场闹剧的 a，实际上，a 反而受到 b、b′的嘲弄。而且，b 对 b′吐露一些令人费解的话：**你如要人家相信你在天上的经历，我就要你相信我在蒙德西诺斯洞里的经历**。关于这里所说的蒙德西诺斯洞的经历，有这样一段话，塞万提斯提醒读者注意，他说熙德·阿默德·贝南黑利自己在原书里作了注释。"我怎么也不信英勇的堂吉诃德确实经历了前一章所写的种种。他以前遭遇的奇事都可能，也像是真的，地洞里的这番却出于情理之外，没一点真实的影子。"

　　b 不相信 b′所说的在天界看到的一切，借此，b 试图把自己在蒙德西诺斯洞的冒险经历也变得真实客观。本来，a 和读者都预先了解木马的装置，所以，不会认为 b′有关天界见闻的叙述是事实。作者反复强调**这不是事实，他说的不是事实**，可是，b 的宇宙观和 b′把这一宇宙观具体化并呈现出天界的景象却深刻地印在我们读者的想象力中。这不就是说一个时代的宇宙观被"陌生化"后，完全可以胜任文学表现吗？这一"陌生化"是由堂吉诃德主仆二人的千变万化的文学结构创造出的。

这不是事实，他说的不是事实，这样一边澄清事实一边记述的写法，前面已经叙述过，俄罗斯形式主义把它称为手法的暴露化（dénudation）。既然戏仿的手法也是通过戏仿，把单纯重复既有手法而死去的东西复活的方法，那么，戏仿这一手法本身应该引人注目。因此，手法就被暴露出来。

托玛谢夫斯基（B. V. Tomashevsky）指出："为什么存在手法暴露这一现象呢？引人注目的手法只有故意作为显眼的方法表现出来时，才是美学上所允许的。作者想把引人注目的手法隐藏起来的话，（牺牲作品）就会产生不妥当的印象。因此，作者才越过这样的印象抢先明确手法。/手法就是这样诞生、生长、然后衰老、死亡。使用次数越多就会越变得机械化，从而失去机能走向消极。为了避免这一手法上的机械化，就要使其拥有新的机能和意义。手法的全面更新有时就像把过去的作家放在新的语境中赋予新的意义。"（茨维坦·托多洛夫编，野村英夫译，《文学理论——俄罗斯形式主义论文集》，理想社）

让我们看一看塞万提斯在《堂吉诃德》中、斯特恩

(Laurence Sterne)在《项狄传》(*The Life and Opinions of Tristram Shandy, Gentleman*)中的具体做法,可以说托玛谢夫斯基的分析是令人信服的。我们尤其需要认识到在小说这一文类的创始阶段,作家们通过显露对既有手法的戏仿来创造他们自己的小说结构,这样,小说的手法就会变得机械化。为了赋予小说手法新的生命,必须重新有意识地把握手法,进行戏仿,以超越机械化、自动化的危险。这可以称为小说手法的"陌生化"。小说手法"陌生化"的必要性在小说这一文类的创始阶段就已经被意识到,它具体地反映到作品当中,具有深刻的意义。

手法显露化的积极意义也就是小说自身所主张的:小说的表现要独立于所有事实,并且应该独立于覆盖世界的所有意识形态。这一意义在我们这个时代尤其重要。这是因为作者应该通过小说这一表现形式明确自己的态度,能够独立于统治本时代的意识形态之外,并能够自由地使意识形态相对化。像今天这样,玄妙的意识形态渗透到了所有事物的深处,意识形态的整体束缚着我们的时代,我们应该重新认识小说表现所拥有的独特意义。

塞万提斯采用了让堂吉诃德和桑丘·潘沙骑上设置

在庭院里（像戏剧舞台那样）的道具木马，揭露他们深信不疑的想法，始终向读者揭示谜底的手法。通过这种戏仿的手法，让堂吉诃德阐述了他的宇宙观，让桑丘·潘沙叙述了自称看到的天界的景象。塞万提斯反复提醒读者**这不是事实，他说的不是事实**，不要误以为这是事实。同时，也从两方面展示了自己独特的宇宙观。

这使我们想到小说创始初期的另外一个小丑的故事。堂吉诃德与桑丘·潘沙主仆二人的漫游从方法上更新了戏仿，同时表现了16世纪下半叶至17世纪的西班牙，过了整整半个世纪后，通过一个纯真而又狡黠的灵魂描写这一时代德国的《痴儿历险记》诞生了。格里美豪森（Hans Jakob Christoffel von Grimmelshausen）描写了平民的儿子——牧童吉姆普里奇乌斯把自己训练成牛犊扮相小丑的仪式，戏中还掺杂着地狱和天国的体验。接受考验的那天夜里，"我躺在自己房间里刚睡着，戴着可怕的恶魔面具的四个人来到床边，像魔法师和狂欢节上的小丑一样乱跳一气。……我装出一副完全相信四个人都是真正的恶魔的样子，惊恐万分地发出尖叫声。四个人声称要把我拉到地狱里去，他们把毛巾缠到我的脸上，我看不见、听不见、也喊不出来"。在地下室的地狱里尝到苦头的吉姆普里奇乌斯"恰巧感到要拉屎（不文雅），这太好了，我把手指头插到喉咙里去搅动，刺激了神经，一下子就拉到了裤子里（不文雅），小玩意儿成堆地拉了出来，流到坎肩上。间不容发又放出了连鼻子都能熏歪的屁，连闻惯地狱里硫磺臭气的恶魔也对这一礼节感到束手无策，从旁边逃之夭夭。"（格里美豪森著，望月市惠译，《痴儿故事》，岩波书店）

接下来几个丑老太太给吉姆普里奇乌斯洗完身体后，吉姆普里奇乌斯接受长着翅膀的少年的慰问，他们说："你已经顺利穿过地狱的赎罪之火，被恶魔和他的母亲释放，现在被迎接到了天国。"于是，他从睡梦中醒来，睁开眼睛重新一看，既不是在地狱也不是在天国，是在这个世界白鹅的窝里，穿着牛犊毛皮的衣服，戴着伸出两只驴耳朵的头巾。"我经过出色的表演变成小丑的同时正耐心地等待着命运的变化。"吉姆普里奇乌斯面对把自己封闭为小丑角色的主人，在心里这样回答他："阁下，现在你看吧。我穿过地狱之火得到了锻炼，变得更强大了。谁将赢得这场戏，咱们等着瞧吧！"

吉姆普里奇乌斯变成小丑上演的这场戏与堂吉诃德主仆二人骑道具木马的闹剧是呼应的。如果把策划仪式的主人当作 a 的话，那么，吉姆普里奇乌斯作为 b 就是一个呼应堂吉诃德与桑丘·潘沙主仆二人的复杂人物。

虽然，他抵抗不了 a 的阴谋，但是，他用粪便进行了还击。他按 a 的意思变成了小丑，当他看穿了 a 的所有阴谋时，立刻在内心世界颠倒了两者的关系。此处设计成滑稽剧的地狱和天国，让 a 和 b 还有读者都了解这是演戏。这样，通过暴露式的方法，伴随具有**物**的感觉的存在感，与地狱和天国相对立的宇宙论得到表现。正因为如此，**我穿过地狱之火得到了锻炼**这句小丑吉姆普里奇乌斯的台词才更具感染力。

这里我作为问题提出的小说表现，与小说外部世界的所有事实是没有关联的。可是，要想有意识地理解与事实分离这一问题，就要弄清**这不是事实**及类似的表达方法，这样才能够表现出超越纠缠于事实表现层面的事实。因此，面对本时代，堂吉诃德、桑丘·潘沙与吉姆普里奇乌斯将会不断为我们提供发挥想象力的新契机。

接续最初引用的插曲，桑丘·潘沙作为狂欢节小丑当上了"海岛的总督"。借用山口昌男的话说，统治者桑丘·潘沙展示了**小丑的智慧**魅力。河上架设着桥，桥对面有一座绞首架。想过桥的人必须向守桥者说出自己的目的。说假话的人将被绞首。可是，这里有一个申请去绞首架送死的人。该怎样处理他呢？让他通行的话，他的申请就是假的，他就得死。那么，把他绞首的话，申请就是真实的,即使他没有罪也得死。对于这一矛盾的提问,总督桑丘·潘沙进行裁决。桑丘·潘沙说:"判定他有罪无罪的理由既然一样,就该放他过桥;干好事总比干坏事光鲜。""我不过记起了来岛上任前夕,我的主人堂吉诃德给我的告诫。他说,如果按法律不能判断,就该宽厚存心。"

桑丘·潘沙一开始就装作上了在"岛"上等候他的 a 的诡辩圈套。他与 a 一起确认了有罪不让通行、无罪让通行,但这个人都得被处死的事实后,提出了第三条途径。这里显示了 b′ 的**小丑智慧**与背后的人间圣贤 b 的智慧。现在,表现在 b 和 b′ 被戏弄角色中的人性的威严超出嘲弄者的范围并传达给我们,使这种转化成为可能,这是一种把小丑式的人物作为结构要素,不断对滑稽性的模仿进行颠倒的小说方法。

与《堂吉诃德》相隔 150 年后,在英国出现了《项狄传》,就像作者自己在作品中经常提到塞万提斯时所说的那样,受到了来自于海那边的前辈的很大影响。与其说这是一种影响,还不如说一种更基本的关系把塞万提斯和斯特恩连接起来。于是,作者对已经创造出的小说形式马上进行戏仿,并且通过不断的模仿,使小说这一文学表现成为激活人类各种要素的新动力。我们可以看到，从《堂吉诃德》到《项狄传》的150年当中，这一创新行为的小说创作得到了长足的发展。（L.斯特恩著，朱牟田夏雄译，《项狄传》，岩波书店）

作者在《项狄传》的扉页上引用了爱比克泰德（Epictetus）的话，他是这样说的，"推动人类的不是行为，而是关于行为的意见。"这就是说，小说中人的行为是否合乎日常生活的逻辑并不重要，重要的是作者怎样通过小说这一语言结构进行叙述，即怎样使用文学表现的语言形式。日本的近/现代小说中存在这样的习惯，即注重小说叙述的事态是否符合日常生活的逻辑。在这样的情况下，有人会批评说：堂吉诃德与桑丘·潘沙骑的木马从常识上来看是不可能在天空飞翔的。也有人会批评说：堂吉诃德的宇宙论违反科学，桑丘·潘沙从地面的木马上看到天界的景象是不可能的。这些批评是通行的。今天日本文艺批评界以是否符合日常生活的逻辑来评判作品的视点依然存在，这里无须提出具体的例子。

俄国形式主义者们把这种符合日常生活逻辑的写法称为日常生活的动机形成（motivation），并把它与手法的显露化相对立。也就是把显露化的技法放在文学表现的语言基础之上。所以，俄罗斯形式主义者们把斯特恩评价为近代小说的先驱也就顺理成章。什克洛夫斯基

(Viktor Shklovsky)指出:"**主题**这一概念经常与事件的记述以及被有条件地称为**内容**的叙述相混淆,但是,内容只不过是构成主题的素材。/……艺术的形式不是靠日常生活的动机形成的,而是通过艺术本身内在的法则来说明。延长小说的作法不是靠纳入对立者,而是靠置换几个部分实现的。作家通过这个方法为我们提供了构成作品方法背后的美学法则。/经常有人说《项狄传》不算是长篇小说,可是,对于持这样观点的人来说,也就等于说只有歌剧是音乐,而交响乐则不是音乐。"(什克洛夫斯基著,水野忠夫译,《散文的理论》,serica书房)

在此,我特别想把**延续小说事件**的方法论与"陌生化"的手法进行对比。文学表现的语言是不断表现**物**的反应的、具有**形式**的语言。发挥我们想象力的结构化的文章也不单纯是文章,而是像**物**那样与我们的意识相关的反映。什克洛夫斯基用**延续小说事件**的论点阐述了这个原理。他认为一个事件的整体表现不能单单用文章语言的数量或者记述内容的长短来衡量。

作者在叙述一个**事件**的过程中,是怎样通过叙述**事件**的方法让事件的整体像**物**那样深深地印在读者的意识中?被"陌生化"的事件又如何成为我们"明视"的对象呢?什克洛夫斯基针对这一具体的事实阐明了自己的观点。符合某一**事件**日常生活逻辑的展开并不是要探讨的问题。虽然作者明确提出了创作小说的方法，但是，怎样开拓出与符合日常生活逻辑的发展不同的途径？最终，这一**事件**怎样成为作者的意识和肉体的表现？作者的意识和肉体怎样像**物**一样展现在读者的面前？这才是什克洛夫斯基要重点论述的问题。

下面从《项狄传》中举例说明。"前一章的开始我准确地报告了我是何时出生的。——怎样出生的我没有谈到。我把这个问题单独作为一章悄悄地留下了。——而且，您和我还素不相识，我就把自己的身世毫无保留地告诉您，这也不正常啊！——您再忍耐一下。我不光打算写下我的一生，还要写下我的意见。我希望读完我的意见，如果您能了解我的为人的话，对于我的一生也就会清楚了。通过逐渐地交流，我们两者之间刚刚产生的朦胧的相识关系就会进一步亲近，只要你我不犯错误，这种亲近感就会变成友情的。——啊！这个美好的日子！——这样的话，您对我的话就不会觉得琐碎，听起来也不会感到无聊。因为这个缘故，我亲爱的朋友，即使您觉得我的叙述开端有所保留，——希望您忍耐一些，——让我随便用自己喜欢的方式继续话题。——或许有时在中途耽搁了叙述，——或许，沿途有时我会戴上挂着铃铛的小丑的帽子，——请您不要逃走——请相信本人尽管外表没有表现出来，但还是有一些智能的。——我们慢慢往前走的时候，与我一起欢笑也好，或者把我当笑料也好，总之，做什么都可以。——只是请您不要太性急。"

这里引用的是第一卷第六章的全文，用了这么多的语言和句子，可是有关**事件**的进展却一点都没有叙述。在前一章里，这个叙述者＝特里斯舛·项狄只说明了有关出生的事，但这并不妨碍这一叙述者成为小丑的真实感，这里丝毫没有涉及**事件**的语言，而是通过**物**的感觉，把它展示在我们面前。也就是说，如同**物**一样的真实感仅仅通过他的**叙述语调**表现出来。**叙述语调**是语言的**形式**，这甚至可以说是作者的方法，我们读解出的实体呈现了这样的**叙述语调**和**语言形式**。从前面的引用，我们能够读解出斯特恩这一**作品背后存在的美学法则**。但如果我们对于什克洛夫斯基采用**美学**这个词感到生疏的话，则可以换一个角度去理解。当我们明确了小说创作的动机之后，也就加深了对**美学**的认识。

《项狄传》是近代小说的开端作品。为此，它推翻了传统的小说的手法。这是作为小说这一文学类型的"陌生化"和整个小说类型的戏仿的集大成而实现的。在它之前，《堂吉诃德》也同样把早已存在的多样化的戏仿当成了方法的特征。前面木马飞行的情景构成了多层次的复杂结构,由此推翻了常识性的迷信,嘲笑者成为被嘲笑者,小丑变成贤哲,认为稳定的基础变得更加不稳定了。我们已经看到导致这种根本转换的结构本身贯穿了戏仿的精神。

前面已经讲到《堂吉诃德》是以盛行于 16 世纪骑士传说的戏仿而构思的,同时采用了对 16 世纪下半叶盛行的牧民小说的戏仿,收到了很好的效果。上集一开始描写的是牧羊人向堂吉诃德和桑丘·潘沙讲述牧羊女玛赛拉的恋爱悲剧。什克洛夫斯基给予这一结构很高的评价。他认为采用这一插曲,把堂吉诃德和桑丘·潘沙作为这一悲剧叙述的直接听众放在这里,不单纯是以剧中剧而告终,它还是对塞万提斯之前以及同一时代存在的各种形式的中篇进行戏仿并运用到《堂吉诃德》中去的结果,从方法论的角度来看,这一结构具有重要意义。

《堂吉诃德》以戏仿的手段插入了各种故事,堂吉诃德和桑丘·潘沙就成为这些故事的听众和见证人,我对其存在意义的理解超过了什克洛夫斯基的分析。为了冷酷的牧羊女玛赛拉,善良的青年死了。堂吉诃德和桑丘·潘沙听到了这个故事。对此,这两位特别听众做出了强烈的反应,这里,"陌生化"、滑稽性模仿早已开始,但是,仅仅这样叙述的故事还属于古老的牧民小说形式的恋爱悲剧。

但是,当堂吉诃德二人前往善良的年轻人格利索斯托莫被埋葬的现场时,顿时现场的气氛紧张起来,这与以前的文艺形式完全不同。岩石脚下掩埋着年轻的死者,突然,年轻的牧羊女出现在这块岩石上,她为自己辩护。她一直是自由地、举止谨慎地以牧羊为生,她只是希望自己将来拥有财产,并没有诱惑别人爱她。那么,期望自己是她的情人而没有实现的人,难道不是为他自身的焦虑和欲望所杀?姑娘为自己辩护完以后,离开这里走向树林深处,堂吉诃德对着还要去追她的人大声喊道:"不论你们什么地位、什么身份,都别去追美丽的玛赛拉,谁敢去追,别怪我恼火!她已经把话讲得一清二楚,格利索斯托莫的死怪不得她,她并没有错。谁求婚她也不会答应。像她这样洁身自好的,全世界独一无二,所有的好人都该敬重她,不该追她、逼她。"

尽管牧羊女的故事古老而神奇,但是故事展开到这一阶段所获得的现实性,通过堂吉诃德的语言和旁边桑丘·潘沙的沉默得到证实。这里骑士传奇和牧民小说同时被戏仿,靠这一充满生机的戏仿性结构,牧羊女就像已经难以阻止死亡的文类的最后花朵,热血沸腾,熠熠生辉。与此相对比,堂吉诃德主仆的存在感也重新变得可靠。而且，小说中这种情景下的堂吉诃德主仆与前面引用的飞翔木马情景中的二人相比较，两者之间层次分明，戏仿的深度各不相同。塞万提斯对戏仿论的周密思考给人留下深刻的印象。

假的堂吉诃德主仆也出现过，也曾经与伪装的骑士决斗而一败涂地，未达到冒险目的的堂吉诃德主仆二人回到故乡。堂吉诃德将不久人世。意识到自己已活不多久的堂吉诃德把朋友召集到病床边，对他们说：我确实曾经疯过，但是，我想作一个正常人死去。朋友们听到这些，怀疑堂吉诃德是不是又疯了。

堂吉诃德特意向桑丘·潘沙道歉。他说自己由于发疯前去冒险是无奈的，可是还要让桑丘·潘沙装疯卖傻，的确过意不去。但是，桑丘·潘沙却这样回答，以此来鼓励堂吉诃德。"啊呀，我的主人，您别死呀！您听我的话，百年长寿地活下去！一个人好好儿的，又没别人害死他，只因为不痛快，就忧忧郁郁地死去，那真是太傻了！您别懒，快起床，照咱们商量好的那样，扮成牧羊人到田里去吧。堂娜杜儿西内娅大概已经摆脱魔缠，没那么样儿漂亮；咱们绕过一丛灌木，就和她劈面相逢了。假如您因为打了败仗气恼，您可以怪在我身上，说我没有给驽马辛难得系好肚带，害您颠下马来。

况且骑士打胜打败,您书上是常见的,今天败,明天又会胜。"

这里,通过对骑士传奇的评价,可以看出病床周围的朋友 a 和 b、b′的位置颠倒了的堂吉诃德与桑丘·潘沙的关系。这个情节是这部小说中反复出现的戏仿转换结构最后的精彩一幕。这里焦点集中在桑丘·潘沙的心情上,把它单纯看作侍从和主人的友善是不对的。这与从方法上解读小说是背道而驰的。

在此之前,正像堂吉诃德自己所承认的那样,他一直是疯癫的冒险。桑丘·潘沙总是给这种疯癫的冒险泼冷水,并且,自己也卷入其中充当一个见证者。可是,对守护在病床前看到堂吉诃德垂危的桑丘·潘沙来说,已经不用担心自己再次被拖入冒险行列,他获得了新的感受。真正给自己封闭的农民生活带来活力、使自己的生命焕发生机的是与堂吉诃德所进行的冒险。桑丘·潘沙认识到日常生活中的自己与其他农民一样精神正常、碌碌无为,通过充满活力的自我解放,他看到了另一个世界。这是一个想象力活跃的世界。

可是,已经不可能有下一次冒险了,堂吉诃德就要死了。我们读者在堂吉诃德的精神正常死去这一情节中,从疯癫之中的生命外表下,从他的一生和整个思想中,不容置疑地可以看出人的尊严。这种人的尊严只有靠形成疯癫与哄笑多个层面的文学表现的结构才能表现出来。而且，我们还会认识到这是超越时代发挥我们想象力的结构。正所谓："推动人类的不是行为，而是关于行为的意见。"

8　从边缘到边缘

　　我在思考小说整体性这一问题时，从 19 世纪末的墨西哥版画家何塞·瓜达卢佩·波萨达（Josè Guadalupe Posada）的创作方法上受到了启发。

　　波萨达以骸骨为题材的版画及画家本人的肖像是从里维拉（Diego Rivera）的壁画《阿拉买答公园的星期日下午的梦》（Dream of a Sunday Afternoon in Alameda Park）上看到的。波萨达一直为报纸和小册子等大众媒体画骸骨裸露的形象。从少年时代就受到波萨达影响的这位壁画运动巨匠，在这幅把墨西哥的历史表现为具有宏大结构的白日梦的壁画中心，把自己作为少年画了进去。描摹波萨达的主题而画出的贵妇人骸骨与少年牵着手，而壮年波萨达的手腕支撑着骸骨的另一只手。

　　波萨达的版画除去骸骨的主题外，其他大部分描绘的是灾祸。《波萨达民众墨西哥版画》（Posada's Popular Mexican Prints）的编者拜尔迪西奥（Roberto Berdecio）

和阿普尔鲍姆（Stanley Appelbaum）指出：畸形儿的诞生、洪水、传染病、彗星等天灾，还有事故、幽灵、犯罪、自杀和超自然现象都是他描绘的对象，波萨达还用大量的精力刻画了迪亚斯总统统治下的枪杀事件。书中注释说，畸形儿的诞生和超自然现象版画的制作动机为世纪末的墨西哥一般民众所理解，同时也可以看出对世纪末的怀疑、不安（丹佛出版）。（图片2）

他画的版画中有的是暹罗双胎；有的是在手腕处长出脚的孩子；有的是生出三个婴儿和四只动物的孕妇；有的是两肋长出脚的中年男子。这些具有墨西哥风格的版画遒劲而鲜明地刻画出这些不祥的意象。

看到这一连串畸形儿诞生的版画，我想到的是15世纪法国市民的一段日记，这段日记就像把这些版画直接反映到文章里一样："……1429年，6月6日，奥巴尔维利埃迪，与这张画丝毫不差的两个孩子出生了。……而且，这些孩子有两个头、四条胳膊、两个脖子、四条腿、四只脚。可是，只有一个肚子、一个肚脐。"（渡边一夫，《乱世·太平日记》，筑摩书房）

从记述圣女贞德出现的这篇日记后一百年，仍然处于乱世的蒙田写下了大致同样的一段话。"出生后已满14个月，两乳下方攀附着另一个没有头的孩子。这个孩子脊髓不通，其他齐全。……两个孩子身体结合在一

图片 2

起，就像小孩子抱住大孩子一样。结合的部位只有四个手指并在一起那么宽。所以，把不健全的一方抬起来，就能看到下方孩子的肚脐。"（蒙田著，原二郎译，《随笔集》，岩波书店）

为什么意识到生活在乱世或末世的人特别关注这样的畸形儿诞生呢？作为人类的表现课题，15世纪法国的一个市民、蒙田，还有波萨达为何热衷于这样的表现行为？当然不能说这些作者进行了主动而有意识的表现。蒙田指出这些奇怪的现象依靠自然理性得到解释的时代即将到来。他在这些人当中最有意识地记述了事情的经过。尽管这样，对于记述者蒙田来说，当时，各种莫名其妙的奇怪状态还是一个谜。

而波萨达只顾细致地刻画版画。但，意识深处的混沌母体里必定有一个清楚的动机导致他们用这样的语言和绘画去表达。尤其像波萨达的作品，这些广泛被民众接受的绘画中，他们自己制造出成为这些作品素材的流言，通过版画的出版重新得到民众的确认，这一集体的想象力构成了强大的动力，使波萨达受到震撼而投入新的创作。乱世、末世的印象存在于那个时代的时候，民众共同拥有的感觉也会促进这种表现。（插图）

格利美豪森生活在蒙田邻国的乱世之时，经历了30年战争，前面我论述过他的《痴儿故事》。这篇小说描写的是漫游乱世中的世界骗子式小丑（这也可以扩大到称作乱世宇宙的地方），开头部分是这样写的："在人们相信最后的审判已经到来的当今世界，身份低贱的人当中开始流行一种怪病。"

接着这一段说明怪病真相的语言是带有说教性和讽刺性的，不是肉体性的。但是，即使把畸形的诞生放在乱世和末世的流行病根源来看，小说整体的语境也不会解体。

乱世、末世，相信最后的审判已经临近的**现世**。这里，中心指向性的秩序极不稳定。要想把时代的实体表现出来的话，把视点放在社会阶层的中心是没有用的。民众的视线已经不投向这里。视线必须投向社会的边缘。在此，我们重新使用**整体**这一概念。在这样的时代，丢掉了边缘的事物就不可能掌握社会的**整体**。《痴儿故事》中的吉姆普里奇乌斯游遍了所有边缘，甚至通过演戏周游了地狱和天国。如果考察小丑的轨迹的话，30年战争时代的德国社会的**整体**就会浮现出来。

无论从欧洲还是从北美来看，墨西哥都是一个边缘的国度。既然波萨达刻版画是为了报道发生在墨西哥乡下的异常现象，那么它就具有边缘的性质。从原理上来看，如果把健全人的出生放在中心的话，畸形儿的诞生就具有边缘的性质。在我国的神话世界里，刚出生的畸形儿**水蛭子**要被抛弃到芦苇船上被水冲走。畸形儿出生后应该去的地方就是边缘。

关于荒诞现实主义的诗学我将在下一章里论述。从荒诞现实主义的理论来看，残疾、畸形是肉体上的降格。与位于中心的、高级的事物相反，荒诞现实主义有机地表现出边缘的、低级的事物。把违反现实秩序的异常现象当作实际发生的事件来描写，波萨达的版画完全属于荒诞现实主义的表现形式。

荒诞现实主义的活力把视线投向被降格的、被抛弃的、位于边缘的事物，通过对其夸张描写，在新的光辉里表现**整体**。从波萨达的版画中因畸形儿的诞生而惊恐、悲伤的农妇的背后不难看出同一时代墨西哥民众的**整体**。同样，从发生在狭窄庭院里残酷的枪杀情景中，迪亚斯总统统治下的权力结构的整体也活生生地浮现出来。

这使我想到了1976年曼谷的政变事件，在报道这一政变的照片中，有一张拍摄的是一个右翼分子正用椅子砸学生的头，这个被吊在罗望子树上的学生已经断气。从笑着观看死尸的青年人的表情上，我们看到了残酷而滑稽的景象，使人想到波萨达一定会用版画的方法直接表现出来。通过这一感触，我大致看到了泰国军政权的怪异结构。

既然画家本人也身居市井，呼吸时代与社会末世的混沌气息，那么，这些版画并不是像前面讲的那样，存在一种意识化的预测，而在此基础上创作出来的。民众也不是经过这样意识化的程序表现出对波萨达版画的狂热。通过植根于无意识而共同拥有的混沌状态，波萨达和民众共同表现出了他们的时代和社会。

那么，依靠什么原理这种表现和接受的关系才能成立呢？思考这个问题的时候，我不由地想到山口昌男从人类学家特纳（Victor Turner）的用语衍生出的"隐性结构"这个概念。我的理解也许与文化人类学的体系相矛盾，我是站在自己的理解上来使用这个概念的。波萨达在他的版画中刻画出的形形色色的灾祸意象，难道不是从各个侧面表现了19世纪末墨西哥社会的隐性结构吗？

波萨达使隐性结构具有表现力，这是靠结构上所具有的活力（从诗学上看，靠荒诞现实主义中的处于下层的活力）照射出墨西哥社会的**整体**。

用隐性结构之光照射出的**整体**是结构化的**整体**。波萨达的表现是靠描写边缘性民众生活中的更加边缘性的灾祸，譬如畸形儿的诞生，从结构上把握了同一时代的墨西哥社会的**整体**。这是波萨达表现时代和社会行为的**形式**。我自己作为一个作者，即使有意识地希望表现自己生活的这个时代的整体,但是,这十几年来,离开自己家庭的畸形儿诞生的事实,任何小说都写不出来,为了使自己信服这个根据,我才展开了对波萨达的解释。

小说如何把握时代,如何从整体上来表现时代?不容怀疑,这是一个即将在眼前灭亡的危机四伏的时代,把握现代危机本质的方法就是必须站在边缘上,不能以中心为导向。这一整体性的表现必须从边缘、从隐性结构方面来完成。

基于这一视点来考虑的话,小说的整体性表现就能得到充分的定义。这就是结构化的整体性。如果从小说表现中结构化整体性的角度来考虑,就会增强这一方法的可靠性。

前面引用的波萨达的版画,尽管只有两页,而且是缩小的图版,但是这些版画中存在着一种力量,它使我们的想象力丰富多彩,自由自在。这些版画中给我留下深刻印象的并不是主题形象——肩膀上长出脚的男子,也不是随着婴儿一起诞生的像鬣蜥一样的怪物,更不是经过悲惨的生产后死去的黑衣妇女。版画中的背景人物表情丰富,或惊奇或悲伤地凝视着生活中的异常现象。他们凝视的目光深深地刺激着我。

这是因为观看版画的时候,我感觉到了对那个时代社会的异常现象发挥了想象力的墨西哥民众的**目光**。而且，通过这些版画，我期望自己的**目光**与背景人物的**目光**达到统一，我希望通过这种统一，用同一时代民众的**目光**来观看这些版画。波萨达的版画激发了我的想象力。

  这些版画中的背景人物的**眼睛**在注视什么呢？表面上他们是在注视肩膀上长出脚的人，在凝视随婴儿一起出生的怪物。但是，他们的**眼睛**并不单单停留在注视畸形与异常的肉体。在循环往复的日常生活中，受到这些畸形和异常现象的刺激，他们的**眼睛**清楚地看到了新的对象，是生活本身关注不到的对象，是由于"自动化作用"连其存在都从意识中消失了的对象。也就是通过"陌生化"分娩，再现了"异化"了的人和人类社会。作为隐性社会结构的畸形儿的诞生可以"陌生化"人的生命。这里通过畸形、异常这样的边缘结构引人注目，从陷于"自动化作用"的人的意识来看，也是不容忽视的。这一事件并不像了解畸形、异常这样一个事实那么简单，它直接进入意识之中，使畸形和异常同时存在于此，厌恶得令人倒下。画面中的民众，即观看这些版画的同时代的墨西哥民众，都明确地看出作为"明视"实现的畸形和异常。这是对导致"自动化作用"的日常生活的强烈震撼，他们感受到了**物**的本身，真正体验到畸形和异常。

此时，人们并不单纯观看被置换成畸形、异常这一概念的对象，而是完全接受作为**物**而生老病死的人类现实。我们把它作为**物**来观察人类生活的社会结构整体，就会从中获得经验。把自己的**眼睛**与这些版画中民众的**眼睛**以及观看这些版画的墨西哥民众的**眼睛**重叠在一起来看时，我们将会怎样发挥想象力呢？对此，我们将要进行具体的探讨，我的观点也将得到经验的证实。

以上，我有意识地把艺术家的表现力与这种**眼睛**的体验分别进行了论述。因为同一时代墨西哥民众的**眼睛**以及我们的**眼睛**所看到的一切才是讨论话题的核心。但是，从艺术家波萨达的表现结构这一角度重新审视的话，各个画面中"陌生化"作用影响我们想象力的**形式**将会明显表现出来。

波萨达画这些版画的时候，一定不是把实际看到的肩膀上长脚的人和随婴儿一起诞生的怪物写生下来，他是了解到这些异常现象和畸形儿产生的信息之后画出的。就像为报纸的短讯画插图的画家那样，在了解了报道的大致内容后便投入工作，波萨达的做法并未超出这一范围。他就是根据这样的信息刻出了他的版画。通过印刷出来的版画，民众用一种**物**的感觉理解了这种畸形，并体验到畸形本身的现实。为了实现这种表现活动,波萨达对此进行了"陌生化",并实现了"明视"。

而且,并不是仅仅由此制作出了畸形儿的介绍图片。而是通过对畸形儿的"明视"来观察人本身,观察人的生老病死及社会结构**整体**,从这一方向,激发了这些版画观看者的想象力。这里我还要提一下"陌生化"的作用。波萨达不单纯把肩上长脚和鬣蜥这些怪物在版画上刻画出来,而是,把注视这些畸形和怪物的民众也描绘在背景里。这一结构上的方法给我们指明了想象力的方向,其作用是有目共睹的。作为波萨达"陌生化"手法的结构性要素,它是引人注目的特征。或者说不可忽视的特征。这样,波萨达生活的时代和社会末世的混沌被大量"陌生化",作为"明视"展现在我们的眼前。它告诉我们一个法则:为了"明视"当今时代和社会末世的混沌,必须掌握我们独自的"陌生化"手法。这样的方法是以想象力作为媒介的,我们从波萨达的版画中受到了启发。

从波萨达的版画使我们联想到记录原子弹爆炸的民间故事画册,它们有相似之处。冲绳海洋博览会期间,在皇太子夫妇访问当地时引发的暴力事件中,波萨达式的"明视"世界被表现出来。它具有改变现实的能力,也就是说人类想象力的力量已远远超出了电视画面的表现力。我一边看电视新闻,一边积极地把它"陌生化",然后,创造出这一事件**整体**的"明视"。

冲绳海洋博览会事件是指藏在地道里的两个青年用火焰瓶"攻击"参拜"姬百合塔"①的皇太子夫妇事件。他们潜藏的地道是冲绳战争时代许多年轻姑娘死去的地方。这大概是皇族成员头一次遇到的攻击。而且,这种不会给对方造成生命危险的做法,把天皇制作为文化问题探讨时,甚至使人感到是人为的象征性游戏,也会使人想到骗子式小丑的作法。我想提示的是:电视播放这一情景的时候,特别是这一事件发生之后的报道中,可以从同步录音的声音里听出许多冲绳人的口哨声。冲绳的口哨是节日里表现喝彩、鼓励的一种形式。

据报道,皇太子以这一事件为契机"破例"发表了感想,他坐船到伊江岛就美军的打靶场提出疑问,从文化问题扩展到政治领域。这些冲绳的小丑们在充满死于非命的姑娘们魂魄的地道里潜伏起来,等待机会,最终达到目的,产生了一定的效果。当然,这种效果不是理论上的正面冲突。皇太子方面致力于把冲绳民众圈进以天皇制为中心的本土文化圈中,按照这个方向做出了"对冲绳的特殊性表示理解"的姿态。但是,并没有意

---

① 姬百合塔:为第二次世界大战末期冲绳战役中阵亡的冲绳师范学校和县立一中女师生设立的慰灵碑。位于日本冲绳县丝满市。——译者注

识到冲绳的民众是否能独立于自己的文化圈这一根本问题。他拥有的只是天皇制意识形态，他希望通过冲绳的全体民众重新确认自己文化圈边缘的扩张。

冲绳的民众方面具有自我确认的欲望，把那个地道的小丑看作先驱者的表现，他们希望自己位于天皇制为中心的本土文化圈外，作为与天皇这一中心相对立的边缘，发出对中心的批判。如果把地道里的小丑们引起的事件用波萨达的手法表现的话，画面是这样的：从地道口向外投掷火焰瓶的两个肇事者；被警卫保护着后退的皇太子夫妇；惊慌失措的主办者；吹冲绳口哨的参观者，画面的整体使天皇制为中心的文化圈的实体得到了"陌生化"。同时，当然也明显表现出冲绳的边缘性实体的"明视"。

把冲绳的土地作为他们的根据地，依靠边缘性的批判力量使冲绳人对待天皇制度下的本土文化的态度显现在历史的表层，并且作为一股暗流存在于历史的深层。因此，随着天皇制文化势力的加强，冲绳边缘性的内部压力也高涨起来。

如果本土的日本人能从正面认识这一事件的批评性，对于我们生活在天皇制为中心的文化圈内部的人来说，也是一个契机，展现我们的"异化"后的存在状态。从旧宪法中具有绝对权力的天皇制向今天象征性天皇制的过渡，并没有使天皇制为中心的文化圈本身客观化，并没有成为脱离天皇制中心、面向其他文化圈的契机。本土日本人的整体被圈进以天皇制为中心的、坚如磐石的文化圈中。对出席各种文化仪式的天皇及皇太子采取"行动"，像地道里的那两个小丑一样设置游戏唤醒人们注意的文化英雄再也未曾出现过。在冲绳以事件形式发生的表面化对立，在本土并没有发生。皇太子一方的合围趋势与处于对立面的边缘性文化所显现的戏剧性对立，在本土也没有形成事件。大冈升平在莱亦台岛①的激战中失去许多战友，他自己也九死一生。他拒绝入选天皇制文化圈的日本艺术院院士。推辞说："因为我过去当过俘虏，所以，没有接受国家最高荣誉的心情。"他有意识地说出这样含有多重含义的骗子式的话，实属一种罕见的文化事件。

很明显，我们是位于天皇制为中心的文化圈背景下来观察冲绳、朝鲜和中国的。用这样的方法观察亚洲，不可避免地带有片面性。这与天皇专制时代的日本人的亚洲观相比并未发生任何本质的转变。金芝河②讽刺地

---

① 莱亦台岛：位于菲律宾中部的一个岛屿。太平洋战争末期，这里发生过美军与日军的激烈战役。——译者注

② 金芝河（1941—）：原名金英一，韩国著名诗人，1974年曾因反对朴正熙的统治而被判处死刑，包括大江健三郎在内，世界各国文化人士举办了声援运动，韩国政府后于1980年12月将其改判为停止执行死刑，并予以释放。其代表作有诗集《你的悲痛使我跪下》等。——译者注

"陌生化"了经济高速发展时代的日本人,让作为"明视"形象而树立的日本人高喊"天皇陛下万岁",从韩国观察我们这个文化圈的视点中,反映出今天的日本人仍然在不停地这样叫喊。

从神圣不可侵犯的旧宪法时代到象征天皇制转变的过程中,依然存在着来自于面向**整体**目标的障碍。当我们贴近金芝河的"陌生化"来看本土文化时,很明显,处于边缘性的冲绳以其独特的**眼光**,跳出天皇制文化圈的范围来观察亚洲,超越了我们的片面性,它不仅能够面向**整体**,而且已经全面地逼近了**整体**。

我们从波萨达所处的墨西哥文学家的生存状态中受到启发,思考生活在边缘的知识分子的自我认识,以及对这一认识的层次复杂的**整体**把握,奥克塔维奥·帕斯(Octavio Paz, 1914—1998)①是这些文学家的典型代表人物,他在《孤独的迷宫》(El laberinto de la soledad)的扉页上刊登了诗人安东尼奥·马查多(Antoni Machado, 1875—1939)②的一段话。"他者并不存在。

---

① 奥克塔维奥·帕斯:20世纪墨西哥著名诗人、散文作家。1990年诺贝尔文学奖得主。他的诗集主要有《语言下的自由》《鹰还是太阳?》等。——译者注

② 20世纪西班牙大诗人,代表作有《孤独、长廊及其它》(1907)。——译者注

这是理性的信条。是人的理性难以动摇的坚定信念。文化认同=现实性,简直就如同说:归根到底,所有的事物都必然地、绝对地而且必须服从于主流,只有主流唯一存在。然而,他者拒绝消失。它继续存在、持续存在。这是难以被理性的牙齿动摇的硬骨头。阿贝尔·玛汀相信人的信念是服从于理性的,即诗歌信条中的相信他者。不管把'**存在本质的差异性**'称为什么,他都主张求同存异,相信排他性总是为他者的存在而苦恼。"

对墨西哥的知识分子来说,欧洲和北美人是马查多说的"他者"的典型。而且,对他们来说,墨西哥国内的印地安人也是一种"他者"。但从位于文化中心的欧洲、北美人看来,墨西哥的知识分子是"他者",对于墨西哥这个边缘的地域中、又处于边缘的印地安来说也是"他者"。墨西哥的知识分子暴露出构成这两个层面的**存在本质的差异性**。他们意识到这一点,因此只能面对现实,把扭曲的状态看作自己本来的生活方式。

正像帕斯分析的那样,加利福尼亚州墨西哥裔的不良少年(pachuco)是一群不适应美国社会的墨西哥人,对美国人来说是"他者"的典型。他们形成了自己的组织,穿着显示自我的花衣服聚集在一起,但是,在他们的组织内,并未形成他们自己的文化认同。美国的不良少年经过一段时期后就结束了这样的生活方式,但是,花衣族的墨西哥青年却一直这样,很难搞清楚他们究竟对什么不满,为什么会这样,将来他们会获得怎样的文化认同。帕斯把这群花衣族墨西哥青年作为"陌生化"的对象,以美国人的视点对被称为"他者"的墨西哥人进行"明视"。

而且,帕斯从印第安人的视点进行观察时,意识到作为另外一个层面的"他者"的自己。他说墨西哥人有两种。从整体上来说,只有少数人讲西班牙语。乡村的印第安人以那瓦特尔(Nahuatl)语为主,分别讲各自的语言。墨西哥就是这样一个多语言的国家,同时,这是一个生活在不同历史阶段的多个民族共存的国家。既有生活在现代世界前列的像帕斯这样的人,同时,也有生活在中世纪甚至古代的印第安人。而且,在墨西哥人生活的各个侧面,历史的创伤至今尚未愈合。回顾一下16世纪新西班牙总督辖区(Nueva España)的殖民统治,看一看现在的混血儿,就会非常清楚。基于这样的背景,帕斯认为知识分子是墨西哥的少数派。而这一少数派的群体必须担负墨西哥**整体**的重任,必须思考墨西哥**整体**的未来。

帕斯站在这一出发点,从整体上对墨西哥人进行了分析。他认为墨西哥人与美国人的明显区别表现在对待现实的态度上。面对一个现实，墨西哥人想要真正了解它，而美国人则考虑如何利用它。对于现实的终极死亡而言，美国人希望隐蔽起来，不被别人发现，而墨西哥人却勇敢地、毫不掩饰地面对死亡进行思考。对于令人恐惧的死亡，主动去思考的是墨西哥人。"死者的节日"那一天做成骸骨形状的糖点心对孩子来说异常亲切。"死者的节日"的祭奠风俗植根于印第安的宗教中，它渗透到西班牙征服者的基督教中，不断变形放大直至今日。

帕斯在分析墨西哥人形象的时候，指出像他这样的墨西哥知识分子与欧洲及北美的知识分子一样生活在先进的现代社会，同时，也和各种层次的印第安人共同拥有同一个时代。这些印第安人是被自己的祖先西班牙人征服的，帕斯自己也是征服者与被征服者之间的混血儿。这种双重性经常在他的内心发生作用。回到刚才马查多的话，帕斯作为亲身生活在构成复杂层面的"他者"，思考了**存在本质的差异性**。

这样，帕斯从结构的深处观察了墨西哥与墨西哥人的整体形象，虽然与深入民众当中的波萨达的视点不同，但是，它使我们直接想起波萨达感觉到的"陌生化"效果。它刺激我们日本人对本身应该进行结构化的边缘性思考。这是因为，站在帕斯作为墨西哥人观察的视角,把作为日本人的自己与欧洲、北美人进行对比的话,无须赘言,日本与日本人属于边缘。可是,在对待欧洲、北美文化的态度上,我们一直都没有从自己身上看出这种边缘性。从国内来说,这是与天皇制为中心的文化结构相重叠的。

还是通过萨缪尔·贝克特(Samuel Beckett)的译文阅读墨西哥诗人阿方索·雷耶斯(Alfonso Reyes)诗歌时的体验,给了我重新思考这个问题的契机。这首叫做《塔夫玛拉的草药》("Yerbasdel Tarahumara")的诗歌是以帕斯观察到的被视为他者的墨西哥人为主题创作的。诗中吟咏了从山区来到契瓦洼镇的塔夫玛拉的印第安人,说明山区歉收。征服者逼迫他们改变信仰皈依天主教,为了把狮子一样勇猛的印第安人变成柔顺的羔羊,传教士们在宗教仪式上,用玉米饼和草药啤酒代替了面包和葡萄酒作祷告。这些印第安人拥有独自的宇宙观,拥有独自的美学。假如人类发现了与现代观念不同的世界观并向全世界通报的话,跑在最前面的也许就是这些反应灵敏的印第安人。塔夫玛拉的印第安人植根于大自然中,以采药为生。他们像蚂蚁一样坚忍不拔、顽强地生存着……

这里表现的是作为征服者后裔的墨西哥知识分子,在看到被征服者印第安人创伤的同时,也意识到自己的精神创伤。下面引用了诗中的一段注解，让我们体会一下其中的含义。新西班牙总督辖区征服印第安时期，一个叫弗朗西斯科·霍尔南德斯的御医为国王收集了1200多种草药。可是，这个依靠印第安草药学建立的植物园，被毁灭在不了解这些草药用途的欧洲管理员手中。这个注解说明作为印第安独特的历史文化创造出的草药学至今仍然被塔夫玛拉的印第安人继承并流传下来，可是，欧洲人只会破坏。这一注解彻底贯穿了诗的主题。于是，我又想起了列维-斯特劳斯（Claude Levi-Strauss，1908—2009）的下面这一段话。"一个生物学家记载了菲律宾的当地人驯化植物的经过。他们很快把原产于新世界的植物驯化，使其适应本地的风土，并起好名字，应用到生活中去。不久以后，当地人在许多场合下都发现了这是一种具有奇特药用价值的植物，甚至与墨西哥自古以来流传下来的植物药效完全相同。"（C. 列维-斯特劳斯著，大桥保夫译，《野性的思考》，三铃书房）

列维-斯特劳斯通过与"文明的思考"比较指出：菲律宾当地人的"野性的思考"，其特点是不断进行新草药的观察和试验，只有这样才能有新的发现。以此为契机我返回雷耶斯的诗，来思考日本的问题。在日本民俗的基础上仍然存留有"野性的思考"与知识分子层面的"文明的思考"**共生**时代的特点，我们把它远远抛在身后（柳田国男是共生时代的证明人），现在，不让自己贴近菲律宾当地人的"野生的思考"，而是站在任凭印第安的智慧遗产毁灭的欧洲人的"文明的思考"一边。我们追求的是以天皇文化为中心的目标，它是与国际上欧美的文明指向相平行的。对此我们应该作深入的思考，这是对近代以后我们文化缺陷问题的思考。

当然，今天的日本人如果自己拒绝"文明的思考"，站在边缘，自称与菲律宾的当地人保持同一性，那只不过是伪善。但是，以文学的想象力为契机思考的时候，我们可以开拓另外一个视野。我们可以通过文学语言创造出真正位于边缘的日本人的典型人物，并贴近这一典型思考未来。这对于亚洲乃至世界的**整体**都具有重要的意义，它也许能够为日本人提供新的观点。至少通过这一典型可以使我们的认识趋于结构化。

从写小说的角度来看，创造出位于边缘的日本人的典型人物是扩大我们小说世界的有效途径。在唤起想象力结构的层面，还有文体的层面，真正引进一个异质的典型人物是扩大小说世界的方法。而且，在小说总体层面的构思上，引进站在边缘的典型人物是作者自我批评和迈向整体化的重要途径。

我国的近、现代文学被圈进日本文化的中心形成单一化的趋势，没有抗拒的力量。站在这样的历史背景中进行下面的思考并非没有意义。在边缘人物、边缘性这一条件下，积极地把"陌生化"的人作为文学的典型人物创作出来。它批判性地超越了以天皇制文化为中心的指向性和单一化的趋势，为我们的想象力提供了丰富的素材。

波萨达的版画和冲绳骗子式的反抗行为唤起的一种力量，它是与我们文学自发的力量相结合的。如果这一切具体为文学表现的语言的话，对中心指向性、单一性文化从根本上进行重新组合的构思就会开始启动。

9　荒诞现实主义的意象体系

　　作为小说作家自我批评的手段，引进不同的事物可以创作出充满活力的结构。前面已经论述了阿尔莱基诺型的小丑和神话原形中的骗子。另外还存在许多其他形式，譬如：神话学的解读、人类文化学、民俗学的方法论等。

　　最初，我作为一个小说家开始写小说的时候并没有意识到方法的重要性。但是，我当初的作品中有一部分是以孩子或幼儿为素材的，从这类作品中可以反映出方法的重要作用。我在阅读小说时，对于阅读形式也赋予了方法。《卡拉马佐夫兄弟》全篇结构的基础上，存在一个宗教狂式女子悲惨分娩的情节。卡拉马佐夫的家人在讲述孩子时的语气以及与之相呼应的效果，给我留下了深刻的印象。一直被恶魔的意念缠绕的伊万那猜疑性语言，被纯真而笃信宗教的阿廖沙叙述的对话结构所唤醒，使这一情节的表现意义更加强烈。"我想谈一谈人的苦恼,干脆就谈孩子的苦恼吧。虽然我把谈论的范围缩小到十分之一,但最好是局限于孩子。这对我来说并非有利。但是,只要对方是孩子,哪怕他很脏,长的又很难看,我也会爱他的(本来我觉得我绝对不会有长得难看的孩子)。……阿廖沙你喜欢孩子吗?你的确很喜欢孩子。所以你能理解我为什么我现在光对你谈论孩子。如果孩子们在这个世上和大人一样吃苦,那一定是因为父亲。他是在代替尝了智慧之果的父亲受罚。——但是,这种观点是另一个世界的观点,这个世界的人是不会理解的。无罪的人,而且如此天真无邪的人却要代替别人受苦,真是岂有此理!你也许会感到吃惊,阿廖沙,我也特别喜欢孩子。而且,那种残酷的人——像卡拉马佐夫那样情欲强烈,沉溺性欲的人,有时也非常喜欢孩子。……/你听着,即使所有的人为了赎回永远的和谐而必须痛苦,为什么偏要孩子承担呢?为什么孩子也必须痛苦呢?为什么孩子也要靠痛苦去赎回和谐呢?"(F. M. 陀思妥耶夫斯基著,池田健太郎译,《卡拉马佐夫兄弟》,中央公论社)。

  这样,小说创作中的陀思妥耶夫斯基不能不让伊万讲述孩子精神与情感的世界,这不是单纯从主题的角度来观察的。因为孩子的存在结构具备了引起想象力的力量,它使陀思妥耶夫斯基受到感动。这一形式复杂、耐人寻味、被"陌生化"的孩子发挥了文学语言的力量,增强了结构上以及分节化层面的深度。为了从神话学、心理学上进一步研究这一现象,荣格和凯雷尼进行了合作,凯雷尼从神话学上,荣格从心理学上对孩子或幼儿的原型进行了分析。

拯救者常常是以一个孩子的形式出现在神话里,为人类提供拯救手段的神为什么是孩子呢?研究是基于这一疑问展开的。荣格的结论是:我们共同拥有的灵魂以及作为意识化之前的无意识整体而存在的原型,是以幼儿形式表现出来的。这样,对于构成文学要素的孩子或幼儿来说,这一分析结果是具有启发性的。(K.凯雷尼、C.G.荣格著,杉浦忠夫译,《神话学入门》,晶文社)。

幼儿神化形象的出现有四个前提条件。首先,幼儿神化形象作为被抛弃者出现。他们是一些从出生后就脱离母亲的孩子,有的甚至是把母亲推向危机边缘而出生的婴儿。他们感到自己是被遗弃、不受欢迎的孩子。同时,他们有一种恐惧感,他们害怕被生出来以后又被吞回去。既然是无意识当中被生出来的,或者说像做游戏一样被生了出来,因此也就没有一个确切的理由。那么,他们也会像游戏一样被破坏掉。我自己刚开始创作的时候,曾反复把被"遗弃"者的性格赋予到孩子或幼儿身上。我现在有意识地重新认识其意义所在。

在我的小说中有一个描写孩子的例子，是这样设定的：村子里的人因为害怕瘟疫都逃走了，只有孩子们被留了下来。被"遗弃"的孩子们自己举办节日，与瘟疫对抗。这就是神化幼儿性格的第二项，与幼儿的"无敌意识"是相呼应的。幼儿为什么所向无敌呢？这是因为幼儿是从超出我们意识范围的无意识的母体里诞生的。与片面性的意识相反，是把无意识的整体拟人化的存在，所以，神化幼儿的形象是"无敌"的。

第三是神化幼儿的"两性化特征"。即幼儿身上兼有男女两性同时具有的性格。从这样的性格出发，幼儿因为拥有把不同的对立物统一起来的作用，因此受到注目。这就是面对种种矛盾，克服种种困难，拯救人类的幼儿神。我自己在创作初期也有意识地让这一形象进入到作品里，把少年"哥哥"和幼儿"弟弟"放在结构的坐标上，对"哥哥"来说，这个"弟弟"是经常表现为"两性化特征"的结构要素。

第四，幼儿是生与死的有机结合体，幼儿表现了"开始与终结"。他们是转世的新生命，也是终极的。这是一种活着的时候就可以预见到死后生命状态的无意识性。孩子作为从无意识的整体当中诞生的生命，体现了"开始与终结"。现在，我想回顾一下自己的创作经历，有一个时期，在自己的现实生活中，诞生了一个大脑残疾的孩子，我受幼儿/孩子这一主题的启发，也把小说放到世界末世的话题上。我要按照对幼儿神话的分析观点重新认识小说的结构并体现"开始与终结"。

不论对于个人的死亡，还是国家、民族、民众的死亡，用文学语言表现的时候，就会使人联想到**再生**。但是，生活在现代世界的表现者不能单纯用再生来思考这一问题。人们生活在世界各地，拥有不同的文化背景，但无疑是同时代人的表现者面对各自不同的**再生**写下文学表现的语言。读解这些语言时会使人们反复考虑再生的文化原型，然后从这里再次回到现代社会多样化的现实中去。

西撒摩亚，对我们来说它只是一个波利尼西亚的小岛。1939 年出生在这里的阿尔巴特·汶特（Albert Wendt）出版了他的《自由之树上的飞狐》（*Flying Fox in a Freedom Tree：And Other Stories*）。这里收录的关于**再生**主题的短篇拉近了我们与西撒摩亚的距离（龙格曼·波尔出版社）。

一个领导西撒摩亚基督教组合派教会的圣者去世了。同乡人回忆了他一生的经历。青年时代，他的妹妹被人强暴了，但他却没有进行报复而是离开了村落。经过长期的磨难后他成为圣者。他对信徒的教诲里经常讲到"犹大的再生"。在这样的教诲中，他主张"犹大曾是救世主。他没有背叛耶稣。而没有预言成功的耶稣却为此背叛了犹大"。在另一个教诲中，圣者是这样讲的。"我们是靠自己的记忆活着。这里面有我们在生活中做到的行为，或者应该做而没有做的行为，还有为了记忆这一切而选择的行为，这就是我们。"

那个一身泥泞在沼泽地里为弟弟妹妹打鱼的年轻人回到了家里，他了解了妹妹的遭遇。根据村落里不成文的规矩，年轻人必须杀死村落的暴徒，否则就要被暴徒杀死。他在村落里男人聚集的地方刺探情报后，闯入暴徒的家中，看到睡在孩子和妻子身边的暴徒，却下不了手。年轻人把柴刀放在床上便离开了。——对沉睡中的敌人留下了一句：原谅我吧！年轻人就这样抛弃了故乡，踏上了圣者修炼的征途。从他的教诲中可以看到他毕生都没有忘记那个深夜的经历。圣者教诲说："想象的行为和实际所做的行为之间没有差异。""我相信如果那时把他杀了的话，我就获得了解放，对我来说就是充满喜悦的自我解放。"

汶特的祖父是德国人。他的身上铭刻着殖民统治时代的痕迹。在新西兰统治的时代，少年汶特得到了奖学金并接受了英语教育。现在他在这个15万人口、靠波利尼西亚人自己获得独立的国家里，一边做英语教师一边用英语写作。他做出了不杀犹大（暴徒），让年轻人选择抛弃村落的决定，这就如同杀死以后**再生**的犹大（暴徒）又寄生在年轻人的内心深处。而这一关系复杂的双方共存在一个人的身体中，最终也不能确定是谁背叛了谁。汶特恰当地描绘了西撒摩亚的风土人情，小说简洁、清晰，意义深远，做到了**再生**与想象力的完美结合。

我被深深地触动了，西撒摩亚人通过基督教从西方接受**再生**的这一神话原型被反映到波利尼西亚的风土和现实当中，他们不得不借助于多样的想象力去思考当时的紧张状况。这种紧张反映了现代社会对波利尼西亚异常强烈的影响。从"文明的思考"结构到"野生的思考"结构，然后再到另外一个"文明的思考"，人们采用了"**再生**"这个词。在新的环境里，这个词从内部被赋予多种多样的内容，几乎就要被撑破。对这一过程起支撑作用的是处于"野生的思考"或者"文明的思考"结构当中的人，他们也同样处于紧张的精神与情感世界之中。国际、国内异常紧张的政治局势处于表层，其深层仍然存在更加强烈的紧张状态。由此，作家们会自然面向神话的原型。

哥伦比亚的作家加夫列尔·加西亚·马尔克斯

(Gabriel García Márquez)也在《族长的秋天》(*El otoño del patriarca*)里描写了层次复杂、意义多样的独特的**再生**。拉丁美洲的一个独裁者在他的替身去世的时候自己也隐藏了起来。他名义上的葬礼以国家的规模举行,有人天真地悼念他,也有人要污辱他的尸体。独裁者作为一个死者,在隐藏之处看到了所有的一切,他突然回来出现在公开场合,进行奖赏或报复。于是,民众从心底里感到害怕,他们认为这都是**再生**。把与独裁者相通的恐惧与梦幻交织在一起表现出来的这场**再生**剧,典型地表现了拉丁美洲的状况。它也体现了马尔克斯深层的本质的紧张状态。(哈帕·劳乌出版社)

汶特和马尔克斯都把难以破裂的复杂性封锁在**再生**神话的原型里。对于他们的文学表现以及内外一致的现实来说,构成这样复杂的层次是有必要的。这一迫切性来自于表现者本身极为强烈的紧张感。这种紧张植根于民族的深处,贴近历史,与他们对未来的构想相重叠。这是一种整体性的现代人的紧张状态。

我们面对作者具有想象力的创作,体会了这种独特的紧张感。这也是对现代社会表现者作用的认识。对于波利尼西亚、拉丁美洲这些周边场所,可以从政治侧面或者经济侧面来把握,也可以从某一层次或者整个局面去把握,但是,只有通过想象力的表现才能做到对整体的把握。尤其通过神话原型的读解,可以明确这一点,因为它涉及了多种形式的内容,包括人类的起源和存在。

  前面讲过**再生**这一神话原型,如果对于死亡的思考既不保守也不是出于兴趣的话,不管你沿着任何途径,都能想到**再生**。尤其是在亚洲的环境中。日本的现状,日本人的自我破坏意识……周边的破坏意识,灭亡的日本,死亡的日本人。这个可恶的意象存在于我们的现实当中,存在于我们周围的亚洲人当中。如果对死亡这一概念从正面认识的话,如何从其中**再生**就必须成为思考的基点。面对这一现实,我们要以**再生**这一神话的原型为线索进行思考。此时,单纯的概念性神话框架逐渐充实起来,变为复杂而丰富的内涵。使这一复杂性和丰富性能有序共存的正是神话原型的力量。不管是面向亚洲的环境,还是面对国内的现状,对于**再生**的原型及其展开,不应采取单纯的思维模式,而是要兼容多样性事物,朝着**整体**的目标前进。我通过具体的体验意识到我们必须进行自我训练。韩国诗人金芝河的创作活动就是自我训练的典范,具有教育力量。前面列举的波利尼西亚的汶特、拉丁美洲的马尔克斯都是用相同的神话原形进行创作的,在这一神话原形的光环中,也反映出与这些国家同样处于边缘的韩国作家金芝河的影子,这是我一开始就想到的。

金芝河从监狱中寄出的《良心宣言》中讲到了构思中的叙事诗《张日谭》。它的时间结构来源于韩国民俗的神话原型，但是，却形象地与现代结合在一起，令人费解。**除暴安良**的东学农民战争与饥饿游行的意象用古代的时间表现出来。这里，乞丐们把**人即是神**这一命题改成**饭食就是神**，在这些奉饭食为神灵的乞丐们进军丑恶之都汉城的过程中，结合了现代社会的主题。结果，乞丐们以违反国家保安法以及内乱罪的理由受到追究。由于神话原型的作用，这一构思拥有现实性。

张日谭是受歧视部落的男人与娼妓所生的儿子，即处在社会下层边缘的被压迫者的儿子。他因为偷盗被关进监狱，在监狱中进行自我反省后，越狱逃跑，他喊妓女为母亲。"脚心是天"，"神居住在你们那腐烂的子宫里"，"神的所在是地狱"，这样的思想是他作为一个宗教信徒的出发点。他参加了乞丐游行，因为被叛徒出卖而受到逮捕并判处死刑，临死时他唱了下面这首歌："饭食就是天／一人上不了天／大家共享一碗饭／饭食就是天／天上的星星一起看／大家共享一碗饭／饭食就是天／饭从喉咙过／身体迎接天／饭食就是天／啊！大家共享一碗饭。"

张日谭被斩首处死,三天后复活,他割下了叛徒犹大的头,把自己的头颅装在犹大的躯体上。这种再生的多义性的实现直接与汶特的**再生**相关联。把圣哲的头颅放置在叛徒犹大的身体上,这样使两者复活,**再生**得到实现。充满紧张认识状态的金芝河难以单纯做出决断,谁是犹大?谁是圣哲?身处这一境地,表明了金芝河把两种性格的韩国人进行总体**再生**典型化的态度。这种孕育了多样性的表现由**再生**这一神话的原型所支撑,实现这样的表现,**再生**这一神话原型就会焕发出新的生机活力。

金芝河完成了叙事诗《粪氏物语》的创作,它结合韩国人总体的**再生**这一构思表现了亚洲总体规模的死亡与**再生**。本来,把给亚洲带来空前灾难的日本人的死亡与**再生**放在表现的中心也是理所当然的。在没有物语这个汉字词汇的朝鲜语里,特意选择《粪氏物语》作为标题,本身就是有意地对《源氏物语》的戏仿。

"玄海滩,大海的彼岸,日本国里住着一个蒸不熟、煮不烂、嚼不动、吃不着的倭国混蛋/这家伙姓粪、名三寸待/身高一尺三寸五/圆肚子、大脑袋/短腿、罗圈还屈膝,带着自我炫耀的撅屁股/一副面孔像猴子/长着老鼠的胡须,鹡鸰一样贼眉鼠眼/像毒蛇盘成一团的野猪鼻;白鱼突出的长嘴巴;葫芦瓢碎片似的小耳朵;跳蚤的额头频繁点。没有鸡巴干瞪眼,焦黑的睾丸挂在跨下一大串,东南西北,晃晃悠悠,晃晃悠悠/趿拉着一双比身子还高的木屐,咔嘟咔嘟、咔嘟咔嘟、咔嘟咔嘟。"(日语译文刊载于《世界》)

这个日本人的世家祖祖辈辈侵略朝鲜,而且,这个家族的成员全都因为侵略战争,精疲力竭,丑恶难看。"大便与朝鲜不共戴天/家训/把李舜臣剖棺斩尸/家徽是/混蛋,朝鲜人/家风是/雪耻的日子到来之前/就是死也要憋住大便"。这个粪三寸待参加民间访韩团,老一套的妓生观光结束后酩酊大醉。他攀上立下过对侵略者剖棺斩尸家训的朝鲜爱国者的铜像,把屎拉在他的头上。日本人粪三寸待不仅替祖先报了仇,雪了耻,而且,还显示了他更大的野心。"起死回生,苦尽甜来!看吧!世界大势,自然法理,现在面临的是悲惨、屈辱、困难/站稳脚跟的伟大的日本人粪三寸待/尽情地笼络胆小、脆弱、卑躬屈膝、贫困的朝鲜/尽情地玩弄、榨取、掠夺、灭绝人种/看吧!伟大的权力赐予我们了。嘿嘿!喂!走吧!现在走吧!忍了又忍的那泡屎/啊啊!拉屎!/是的!/拉屎!要拉屎!/要拉屎!/拉屎!拉屎!拉屎!/扑哧!/扑哧哧!"这样,所有的文学语言都在叙述大便,地上变成一片粪的海洋。诗中也提到了学生、善男信女、农夫和打工者,他们叫喊着:清扫大便！向攀登上铜像的粪三寸待投掷石块，试图阻止大便的泛滥。他们中间有一个乞丐特别丑陋，却不停地向粪三寸待抗议。这个乞丐就是叙事诗的叙述者金芝河。粪三寸待拒绝他们的抗议呼声，自称今后自己就像大鹏展翅那样飞越亚洲大陆。可是，他在躲避投向他身上的石块的时候，滑倒在麻雀屎上，从铜像上摔下来死了。"天皇陛下万岁——/学生们、善男信女/农夫、打工者聚精会神地打扫大便/燃烧的晚霞/坠落的三寸待/一切都是错误，这是天命，三寸待已经末日来临/天皇陛下万岁——"。作为818行叙事诗的结尾，对坠落大便海洋而死去的人进行了一般性分析。

"曾经有人告诉我/如此灭亡者不计其数，明知自己死亡，却为大便疯狂，积攒大便，饲养大便，这样的家伙，不论过去还是今天，任何社会都不会绝迹/真是莫名其妙/不知为啥？灭亡具有不可抗拒的魅力/怎么？来历不明的大便还有另外一个秘密呀？"

这里表现了一个完全畸形的日本人掉进自己的大便海洋里死亡的情景，没有单纯停留在讽刺、哄笑上，而是表现了人类的悲哀，对日本人的挽歌。的确，也许有人会问这里叙述了死亡，而对**再生**只字未提。但是，从这些讽刺与哄笑的文学表现语言中，我看到了日本人与韩国人两面性的价值观，这里存在着穿越死亡的**再生**契机。因此，把这个用韩国民俗构思的神话原型与荒诞现实主义的意象体系结合起来读解具有其现实意义。

米哈伊尔·巴赫金（Mikhail Bakhtin）从民众中发掘荒诞现实主义的意象体系，对**来历不明的大便的秘密**进行了如下解析。"大便是**活跃的物质**。在古老的粪尿谭的意象中，……大便具有生殖能力，它关系到土地的肥沃。同时，**大便存在于大地与身体当中**，两者具有**亲近关系**。另外，大便还与生者的肉体和死者的肉体永远联系在一起。肉体活着的时候，它为大地提供粪便；肉体死后，它便分解衍化，变为肥料回归大地。大便与死人的肉体一样使土地变得肥沃。……对继承荒诞现实主义的艺术家拉伯雷来说，大便是活跃的醒酒物质，它既具有低级趣味又富于亲切感。它可以把墓地和出生结合起来体现在那个最清爽、不知恐惧的滑稽形式中。"（M. 巴赫金著，川端香男里译，《弗朗索瓦·拉伯雷的作品与中世纪·文艺复兴的民众文化》，Serica 书房）。

下面将要论述的是有关荒诞现实主义的概念，我想详细引用巴赫金的定义。首先，我们顺着金芝河的**表现**来思考。但是，有一点需要强调，荒诞现实主义是为了**烘托狂欢节的美**而采用的概念。巴赫金指出：尽管拉伯雷是一个文艺复兴时代的知识分子，但从他阐述大便意义的阴影中能够感受到，大便是中世纪狂欢节中民众公共意识的事物。从前边引用的文章中，就可以看到对大便意义的读解，它始终是以民众文化基础的时间和地理位置为坐标的。因此，当它出现在今天朝鲜文学表现的语言中时就不足为奇了。因为文学表现的语言就是这样博大精深。巴赫金把它确定为**民众性节日重要的滑稽特征**。他指出**笑的一方也会成为笑的对象**。譬如，这首叙事诗当中的诗人就是作为一个衣衫褴褛、滑稽可笑的人物出场的。的确，《粪氏物语》当中对日本人的讽刺也关系到近代、现代。从这首诗的叙述语气中，我们可以看到昔日那遥远的民众性狂欢节的激情。

从朝鲜的民间故事中也可以找到用荒诞现实主义的手法来表现大便的原型。有一个人吃了蜜蜂巢以后，发现自己的大便不臭了，他尝了尝是甜的。于是，他把肛门用茄子塞上，到汉城去卖甜大便。因为大臣和富人都争相购买，所以他成了暴发户。一个商人听到这一消息后，希望能了解到拉甜屎的方法。但他被邻居骗了。他按邻居教他的方法，吃了三升生豆，喝了三升水，等到肚子响动后同样用茄子把肛门塞上，到汉城去卖。希望吃到甜屎的人把嘴贴近他的肛门时，没想到他却拉肚子，剧烈恶臭味儿的大便从肛门喷出，结果遭到愤怒人们的痛打。（孙晋泰，《朝鲜民间故事》，岩崎美术社）。

金芝河植根于朝鲜民俗中，他的这首叙事诗有意歌颂了整个民众性节日中那种愉快的滑稽场面。因为采用了公众都能看到的荒诞现实主义的契机＝大便，因此，使它所拥有**死亡**与**再生**的两面性价值得以复活。基于这样的读解，坠落到大便中死亡的日本人不单纯是讽刺的对象。他从铜像上往下拉屎的时候，大骚动＝狂欢节一样的节日活动就开始了。尽管是反面人物，但是，他的存在却使气氛高涨起来，在气氛达到高潮的时候，他坠落到大便的海洋被摔死了。当我们用荒诞现实主义之光照射它的时候，为什么不能从中发现**再生**呢？

把这场由日本人引起的大便骚动直接提升到民众节日印象高度的是那些浑身沾满大便的学生、善男信女、农夫、打工者喊出的清扫大便的呼声。叙事诗中的诗人金芝河也身处民众组织当中，参与到含有生与死双重价值意义的戏剧中。这种具体的面向未来节日的民众性也是金芝河"政治性想象力"的基调。这也许还是支撑他执着于乐观的民主主义认识论的基础。通过对金芝河叙事诗的读解，我看到了朝鲜人眼中有关日本人**死亡**与**再生**的构思，至少这一文学语言是不可抗拒的。把文学表现的语言推向包括这一构思多样化的综合表现中去，便是这首叙事诗深深扎根于神话、民俗之中的特点。

把神话学或者民俗学的读解确切地构筑到我们意识

中去的方法之一是荒诞现实主义。下面我们综合整理一下巴赫金所下的定义。"物质、肉体意义上的荒诞现实主义（民众的"搞笑文化"的意象体系）的原理出现在民众性的、节日性的、乌托邦式的状态当中。作为宇宙性、社会性、肉体性要素不可分割的生命总体用单一的、不可分离的形式表现出来。而且，这一整体是活跃的、和蔼可亲的。/ 在荒诞现实主义中，物质/肉体的力量是极其**肯定性**的。作为这一肉体要素表现出来的决不是自私的、利己主义的形式，也决不能与生活的其他领域分离。在这种情况下，这一**物质/肉体意义上**的原理总是与**普遍性、民众性**的活动相结合，因此，它是与**从物质/肉体世界的根源分离的、孤立地躲在个人世界中的一切活动**相对立的。"

"荒诞现实主义的主要特征是低级趣味/档次低下，它使高品位的、精神性的、理想性的、抽象性的事物全部过渡到物质性、肉体性的水平。这一大地与肉体的层次成为一个难以分离的统一体。"

"低级趣味/档次低下就是此时面向地上的事物，意味着领会一切，同时，使其与繁衍人类的大地一体化。也就是说使其在降低层次的同时被埋葬、播种、杀掉。这是为了重新以更好、更大的形式生产。降低档次的同时还涉及肉体下层部分的活动、腹部的活动、生殖器官的活动，因此，关系到交媾、受孕、妊娠、生产等行为。它是为新的诞生挖掘的肉体之墓，不仅具有破坏性的否定意义，同时也具有积极的再生意义。低级趣味／档次低下带有**双重价值**，即肯定的同时又加以否定。它不是向低层次不存在的、被绝对破坏的地方抛落，而是向具有生殖能力的下层抛落，因为这一层次是受孕后新生命诞生并茁壮成长的地方。"

"荒诞现实主义为了把握现象的特征，选择了现象的变化状态、尚未完了的变化状况、死亡与诞生、成长与生成的过程。**此时，'生成'是荒诞意象上必须的本质（决定性的）特征**。与此相连的第二个特征是**双重性的价值**。这个意象中以各种形式表现了**变化的两极——新与旧、死亡与诞生、变化的开始与结束**。"

在各种神话学或民俗学的意象体系中，我用大量篇幅论述了骗子与阿莱基诺型小丑，与此相关，我重视荒诞现实主义是有理由的。理由之一是因为这个意象体系与前面论述的文学语言原理的各个特征具有相呼应的结构。理由之二是因为它直接反映出我国近代、现代文学以及未来文学中所缺乏的特性。

文学语言作为具备形式的语言，同时，作为在特定语境中带有战略意义的语言，在根本结构上具有多重语义，拥有双重价值。这种多重语义、双重价值的特性，具备了面向包含死亡的生存以及活跃的生产性特点。这就是荒诞现实主义意象体系的特征。

文学语言的想象力作用是在破坏一个旧意象创造一个新意象的过程中活生生地表现出来的。它与荒诞现实主义所表现的**两极变化现象**是相呼应的。荒诞现实主义在双重价值上表现了**新与旧、死亡与诞生、变化的开始与结束**。文学语言产生于我们的生活中，它使我们体验**生成**的感情。这就是想象力的作用。文学语言真正发挥想象力是从固定的状态中把我们解放出来，投入流动的、变化的状况中去的时候。我们记录下文学语言就是为了创造这一状态。

我们借助被**分节**的荒诞现实主义的意象体系能够更加深刻地解读神话性以及民俗性的作品。通过采用这一性质不同的原理，可以使我们整体的解读充满生机活力。荒诞现实主义意象体系之所以激励我们进行文学语言的解读，是因为这个意象体系与文学语言的原理性结构正相反，它具有活跃感。这里有关文学语言解读的论述同样适用于书写的文学语言分析。

我们把自己描写的某个分节的意象以及文学语言表现出的结构与荒诞现实主义的意象体系进行对照并加以改造，就能够使其充满生机。这是因为，荒诞现实主义的意象体系不能运用到批评中去的想象力是难以想象的。

　　荒诞现实主义拥有**宇宙性、社会性和肉体性的要素**，这些特征总是**作为不能分割的活的整体**表现出来的。我们可以以此为规范来探讨书写出的文学语言中被分节的意象，以及文学语言表现出的结构是否能够表现人类的整体？为了测试自己的文学语言的根本感觉是否迟钝，我们有必要回到荒诞现实主义的意象体系中去。拉伯雷的作品被巴赫金当作荒诞现实主义的分析对象。这些作品通过渡边一夫丰富的注解被转换成精湛的日语，成为我们的文化财富。把它作为研磨自己文学语言**活性化**的砥石，甚至可以说是我们对这位伟大学者毕生的劳作负有的义务。

　　渡边一夫的拉伯雷研究仍未被我国的文学创作所接受，与这一实际状况相同，我国的近代、现代文学中缺乏荒诞现实主义的要素。不过，从根本上看，一个国家的文学是不可能与荒诞现实主义的意象体系无缘的。从我国的近代、现代文学中，可以找出一些贴近荒诞现实主义的意象体系的意象。但是，通过对照荒诞现实主义的意象体系把自己作品中的分节了的意象以及文学语言的结构进一步结构化的实际例子，几乎一个也没有。

　　如果我们从文化史上解读出这一现状的由来，就可以明显地看到一个根据。这会直接关系到作为我们文化问题的天皇制。因为,一直没有退出过历史舞台的天皇是拒绝降低层次的。但是,面向未来,如果我们勇敢地把作为文化问题的天皇制放进荒诞现实主义的意象体系中去的话,便排除了对降低层次的担忧,为此发挥强大的动力,可以成为文学语言有效的构成要素。

文学是从**世界的物质性和肉体性的根源中分离出来,与封闭在自我之中的一切孤立的活动相对立的语言结构**。我国的文学未来把荒诞现实主义的意象体系看作自己的一部分,从此迈向真正的**再生**。这是我对我国文学未来的构思。

10　作为方法的小说

我反复叙述过阿尔莱基诺型的小丑,而让·斯塔罗宾斯基(Jean Starobinski)① 则分析了从中世纪到近代的阿尔莱基诺表现形式变化的根本意义。

斯塔罗宾斯基弄清了阿尔莱基诺的产生过程,他指出这个率领嚎叫的死者队伍在冬日的森林里行走,长着一副野兽嘴脸的中世纪的恶魔,经过戏剧表演与戏仿变成了小丑阿尔莱基诺。"这一变化结果使愚弄嘲笑代替曾经的恐怖表现出来,恶魔的形象委托给带假面具的演员随心所欲的表演,非人类的嚎叫声被分解成滑稽的饶舌,即刻间令人战栗的恐惧演变成了滑稽的玩笑。原始性的恐怖溶化到亵渎式的笑剧中去。猥琐而狰狞的怪笑把死亡变为了新生的驱除妖魔的力量。把名称赋予难以名状的恐怖,使其成为表现的对象,使超越我们的事物

---

① 斯塔罗宾斯基(Jean Starobinski):瑞士人,文艺评论家。——译者注

变成我们能够支配的事物。把语言难以表达的事物赋予某个明确的形象再加以表述，就成为我们完全可以理解的事物。"（J. 斯塔罗宾斯基著，大冈信译，《小丑似的艺术家的肖像》，新潮社）

开天辟地以来，人类或多或少地总是处于危机之中。于是，人类在包围自身的宇宙论的黑暗之中，查明一个又一个恐怖之源，然后赋予其语言。这一给予恐怖之源命名的行为是为了在危机包围之中生存下去的人类必需的根本性行为。斯塔罗宾斯基以长期存在的民俗学中的对象为素材，顺着古代、中世纪再到近世、近代的历史推移，探索了在人类袭击自己的危机中，给人类带来恐怖的每一个事物，以及人类在赋予其语言名称的行为中是怎样进行斗争的，怎样通过斗争避免了全人类的疯狂。

在赋予它们语言进行命名之前，存在过可怕的沉默吗？恐怖的源泉曾经存在，但是，那并不是沉默。在人类给予自己语言，用自己的语言命名之前，不同于人类的语言领域中存在着宇宙论认识的黑暗区域。如果我们想起小丑阿尔莱基诺的中世纪始祖的话，那便是一群没有静静地等待人类赋予它们语言进行命名，而是长着野兽的面孔，率领嚎叫的死者行走在冬天的森林里令人恐怖的家伙。

山口昌男把人类赋予自己语言并进行命名之前的世界＝混沌状态称为与人的价值体系不同的**能够构成另一个层次的、具有象征性秩序的综合体**。而且，他从古风土记里引用了赋予语言进行命名之前并未沉默的人类的混沌，使其展现在我们的面前。"古风土记中'草木言语时'（《常陆国风土记》）这句话被用于表现原始的混沌。常陆国风土记当中还有同样的说法，'暴戾之神等，另有**石根树木，草之叶片亦言语**，昼如五月苍蝇嘈杂不休，夜为火光闪烁之国。'同样的表现在信太郡高来条目的有关普都大神的记述中也能看到。／'古老之传说，天地始兴，**草木言语时**，从天而降之神名为普都大神。神巡视苇原之中津国，游说山河暴戾之神臣服。'／这些记述当中有相同之处，即造化之神带来'秩序'以前，草木是说话的。无需赘言，从分类上考虑，本来属于人类说话的这一行为和草木结合起来是不协调的，它与日常生活的秩序相违背。在日常生活内部，'草木'这一词的分类是不能与动词'说话'结合在一起的。从前面的引用已经看到，这样的状态在风土记的世界里作为神与'暴戾之神'结合在一起。而'暴戾之神'则与混沌＝反秩序＝反分类＝反日常生活这一连串的日常生活中的否定概念是相对应的。"（山口昌男，《文化与双重含义》，岩波书店）

人类通过把自己的语言赋予世界并进行命名，能够把事物放进作为生存的手段之中，从而开辟出一个能够生存的、没有恐怖的场所。不过，在一个充满恐怖的黑暗中，发现语言的人类四周却出现光亮，等到一旦被命名的事物属于人类，静的意象就会展开，这种观点是错误的。而把人类的声音插入能动的**非人类的声音**回荡之处，从此处把语言给予自己的领域，获取命名的事物，这种观点则具有建设性。人类语言世界的秩序＝分类＝日常生活衰退的时候，我们只能从那个混沌的世界中寻求使其全面活跃的力量。实际存在的阿尔莱基诺型的小丑，随时都具有唤醒意义，我们在观看毕加索的绘画作品时，难道不是也会在意识和无意识的夹缝里联想到行走在森林中的恶魔，在幻觉中听到恶魔率领的死者的嚎叫声吗？

从原始时代起，人类为了在充满恐怖的宇宙论黑暗中生存下去，首先需要语言。把语言赋予潜藏在混沌之中的恐怖，进行命名，然后把它划进人类的范围。本来，原始的世界并非明确地区分为没有赋予语言的黑暗世界与由人类赋予语言进行命名的光明领域。压倒人类语言的混沌语言是存在过的。人类通过与其斗争才能把自己的语言赋予世界进行命名。而且，人类并没有因为把语言赋予世界中的事物并给予名称而从恐怖迈向平安。相反，人类却因为语言而被逼进重新体验的不安当中。语言也是人类在危机中生存的手段，同时，语言是把人类推入下一个危机的契机。

人们很快会领悟到"**艺术**并不存在，存在的只有医治人类的**医术**"这句话的含义。以此为前提，勒·克莱齐奥（Jean-Marie Gustave Le Clézio, 1940—）[①]站在印第安沉默的立场上，叙述了有关语言的观察和思考。"印第安的语言带有巫术性质。它的语法和句子结构具有巫术性的逻辑。与此相反，沉默是自然的。印第安人对于语言具有罪恶感。尽管这种感情我们无法理解，但是，却值得我们感慨。印第安人拥有了解这一恐怖的特权，他们为此感到自豪的同时，也感到恐惧。他们不爱谈论动物和事物。因为它们曾经也会说话。所有的事物都会说话，甚至包括石头。后来，不知什么原因，平衡遭到破坏，而且由于灾祸，理解的秩序也遭到破坏。从这一瞬间起，人类再也不能理解动物，理解石头的语言了。"（J-M. G. 勒·克莱齐奥著，高山铁男译，《祓魔消灾》，新潮社）

下面我将抛开赋予语言进行命名的话题，谈论一下

[①] 勒·克莱齐奥（Jean-Marie Gustave Le Clézio, 1940—）：20世纪后半期法国新寓言派代表作家之一。2008年获诺贝尔文学奖。代表作有《诉讼笔录》《寻金者》《罗德里格岛游记》。——译者注

表现的行为。当然，人不靠语言也能表现，在此我想**以语言表现为中心**思考表现的行为。人类开始通过赋予语言进行命名的表现的时候，它胜过语言产生以前的任何表现，扩大了被表现世界的内涵。而且，从此开始，人类因为拥有语言而被迫面对危机。在沉默的人类肉体与意识当中，未分化的事物展现在人类面前，这就如同语言表现的反作用那样。在宇宙论的混沌状态中，人类对于带来恐怖的事物，赋予语言进行命名，使其划归为人类的势力范围之中。由此，混沌的一部分便不再是恐怖的起源。但是，这一语言表现就像人的肉体那样，迄今为止未被分离的事物从人身上分离开来。勒·克莱齐奥所说的从某一时刻起人类就理解不了动物和其他事物的语言，指的就是这种状态。语言表现和自然之间会存在裂痕，对于在记忆里裂痕尚未愈合人来说，**对语言拥有罪恶感**是可以理解的。

不仅是印第安人，我们自己也对语言表现出恐惧心理。从前面的论述可以看出，幼儿的体验与人的原始状态是相关联的。一旦决堤就奔流而出的语言的数量，使我们直接面对近代的混沌。而且，现代的电脑和大众媒体宣传趋于把**他人的语言**大规模地组织化，其结果是**个人的语言**被这种形式所推动，系统化的**他人的语言**渗透到我们个人的内部。某一天，我们甚至会意识到来自自身内部的声音发出了经过计算机处理的**他人的语言**。勒·克莱齐奥从法语文化圈前往印第安小部族独自的文化圈中寻找解救自己的治疗方法。这一内心世界冲击的焦点就在这里。

从当今的危机中可以看到：**他人的语言**是被电脑系统化的语言，作为新的混沌覆盖世界。因此，人的表现这一课题重点要解决的就是如何把**自己的个体语言**从**他人的语言**统治结构中分离出来，如何把人的语言、人的表现恢复为自己的**个体**。

基于这一认识，思考作为个体表现方法的小说语言时，"陌生化"的方法论所具有的效果再次引人注目。这是因为语言的"陌生化"是从**他人的语言**总体中夺回**自己的个体语言**的行为。我们再来看一看什克洛夫斯基叙述的有关"陌生化"的文章。在这段文章中，什克洛夫斯基引用托尔斯泰的日记和笔记，叙述了日常生活方面知觉的"自动化作用"以及与此相反的恢复真正生活经验的艺术作用。

"'我打扫房间，在附近转来转去，来到沙发附近，无论如何也想不起来是否擦过沙发。我觉得这些动作已经习惯化，成为无意识的动作，所以，想不起来，想起来已经没有可能。因此，如果我一边擦一边忘记的话，也就是说，如果做无意识的行为的话，等于什么都没做。假如有人有意识地在观察，那么，他把自己看到的可以在心里再现出来。如果没有人观察，或者即使观察也是无意识的话，就不能再现出来。假如许多人的全部生活在无意识中度过的话，也就等于他的生活并不存在。'/这样回到空无状态的同时，生活也就消失了。自动化作用吞噬了物，衣服、家具、妻子和战争的恐怖/'如果大多数人的复杂生活全部在无意识中度过的话，他们的生活也就等于没有存在。'/因此为了恢复生活的感觉，为了感受到**物，为了**使石头像石头，艺术才存在。"

今天，作为艺术手法的"陌生化"作用变得更加活跃。这是因为，我们过着习惯而无意识的生活，埋没我们**个性**的规则化日常生活并没有吞没我们。由电脑系统化的**他人的语言**统治结构从各种侧面强制着日常生活中的"自动化作用"。

下面具体地分析核能发电的例子，从中可以看到被挤垮的个体语言和系统化了**他人的语言**的用法。对于核能发电我们作为**个体**能够了解到的的确很少。当有人恩赐般地告诉我们：传输到这个**个体**家庭的电依靠的是核能发电时，我们会看着闪亮的电灯产生疑问，这个**个体**能够从对生活的实际感受上来认识核能发电 = 电力吗？

当有人恫吓地警告道：如果没有核能发电的话，不久的将来传输到个体家庭的电力就会枯竭，这种情况下，**个体**也会通过消失的电视、变冷的暖气实际感受到没有开发核能发电的事实＝电力缺乏。事实上，以这两点为中心，统治结构的语言向**个体**进行了核能发电的启蒙。这就是政府与电力行业反复进行的核能发电"安全性"宣传的安抚活动。下面引用的就是**个体**主动拜倒在这个统治结构的**他人的语言结构**面前的实际例子。这是电气事业联合会这一统治结构的宣传机关与屈服于它的**个体**语言之间**假的**对话。

"'……我们能够做到的只有靠每个人的节约。但是，发电几乎完全依赖于石油，还是令人有些担忧。有其他办法吗？'／核能！／'那太好了！看来它不光能用来制造炸弹，还有别的用处。但是，我们对核能这个词还是感到一些疑问。这也是正常的。希望多做一些有关安全性方面的宣传。实际上，核能发电是安全的吧！（笑）'／不会出现影响人体的放射性物质。／'**这样的话，没有任何问题嘛**！不了解是最可怕的，所以，希望你们考虑一些宣传的方法。'"

这个浅薄的雇佣演员似乎并没有对核能发电产生的放射性核废料与温水排放能大规模地污染人类的环境而感到担忧。她没有追问这一点，核能发电的推动者一方也没有义务回答未涉及的问题。只要保持沉默对方就能领会说：**这样的话，没有任何问题嘛！**核能发电的推动者发出的统治结构语言，从旁边打断了我们**个体**站在自己的生与死这一根本立场上思考环境被破坏的思绪。而且，他们利用媒体进行大规模的宣传，展示出一个享用现代世界的典型，但是，这个例子中的人物是一个**个体**的统一性被破坏的、没有面向现代世界整体的、悬在半空的人物。统治结构的语言指出：这就是你们所有**个体**渴望的典型。

我们通过子孙后代都要受到威胁的事实来认识核能发电的危害，那些受害者的体验使我们意识到每日产生的放射性物质将会对人体造成损害，天文数字的温水排放量会给海洋环境造成严重的破坏。只有具备这种能力的个体才能使自己脱离语言统治结构强加的"自动化作用"。基于这样的认识我们必须"陌生化"核能发电，提出对核能发电危害的"明视"。

对于想要从放射性核废料与温水排放的角度"陌生化"核能发电的**个体**来说，强加到他们身上的语言，与前面躲藏在广告背景中的诱导者文体截然不同，必定是官僚性盛气凌人的文体。你们有说三道四对抗核能发电的资格吗？只有我们核能发电的当事人才能谈论核能发电的安全性或者危险性，我们已经完全垄断核能发电的事实。局外人有什么批判的权利？他们都是被拒绝接触绝密事项的人。

统治结构的这种说法是符合事实的。从核能发电推动者的角度来看，普通**个体**都是局外人。但是，核能发电引起了环境破坏，使许多人的生命面临死亡的威胁，这些当事人才是普通的**个体**。因此，尽管我们是局外人，不了解核能发电，但是，对于每一个具体的情况，都应该脱离"自动化作用"来认识，为了使其成为自己固有的经验，必须把它"陌生化"，通过个体的语言表现出来，以表示异议。

就日本的实际情况来看，针对核能发电的危害进行"陌生化"的语言，来自于反对核电站建设的当地市民组织中。但是，统治结构也许会说：尽管市民的"陌生化"语言在我们面前构筑起了对环境破坏的"明视"，但它不能成为阻挡我们推动核能发电的势力。

当今的危机中，语言表现的核心存在于统治结构的语言和**个体**语言的对立之中，这一对立是围绕核能发电展开的。就像宣传"安全性"的雇佣演员的语言所展示的那样，虽然采用了**个体**语言的表现形式，实际上并不是发自**个体**的语言，而是统治结构所期待的语言，也就是代替**他人**的语言。这种自我放弃的倾向波及职业表现者时，大规模传播的世界就成为积聚否定**个体**语言以及放弃**个体**表现的场所。这样的假**个体**语言代替统治结构的语言，被大规模地调动起来对付市民的抗议。他们把核电站建设当地的中、小学生作文刊登在报纸上作广告宣传就是现实的例子之一。这里可以看到尽管是孩子的语言，但是，他们却努力地迎合诱导自己的统治结构，他们的语言与前面列举的雇佣演员的语言性质是完全相同的。

于是，重新把"陌生化"的语言恢复给**个体**，通过语言把握自己的**整体**，重新建设面向社会、世界以及结构化的宇宙的**整体**与主体的关系。为此，表现的课题就是抵抗把假语言强加于人的统治结构。从前面的步骤来看，这一抵抗的题材对应于威吓原始人的混沌之中，对恐惧的来源赋予语言并命名的行为就是表现。

也就是说，我们今天针对企图覆盖大众媒介整体的统治结构的语言重新进行表现就是为了延续**个体**语言的生存。既然电脑也作为媒介被划分在他们的势力范围中，统治结构的语言自然是综合性的。我们面向个体语言的努力也必须是多种多样的，能够与之对抗的。不断进行"陌生化"的尝试，就是确保这一多样性的有效方法。

我们把小说看作从**整体**上激活人的各个要素的语言

装置。我们也寻求具有这种思维方式的读解方法。这样，读者才会体验到与立足方法意识的作者平行的精神与情感的作用。我从这一基本的立场出发写了一些探讨小说创作方法的文章。姚斯（Hans Robert Jauss，1921—）[①]积极地捕捉小说读者的作用，阐述了他的新文学史构思。

"在一个漫长的时期，文学和艺术的历史一直是作家与作品的历史。换句话说，文学和艺术的历史隐蔽了或者回避了这个领域的作为'第三阶级'的读者、听众和观众。尽管这个'第三阶级'的机能不可缺少，但是，却很少被谈论。之所以说不可缺少，是因为文学和艺术是以接受、欣赏、判断作品者的经验为媒介才成为具体的历史过程。他们是那些承认、拒绝、选择、忘却作品的人们。这样，他们形成了各种传统，另一方面，不容忽视他们通过创作自己的作品，拥有一种力量，它对响应传统具有积极的作用"（姚斯著，轡田收译，《文学史的挑衅》，岩波书店）。

基于这一认识，姚斯观察分析了这类作品的特点，它"首先唤醒由体裁、风格或者形式确定的读者的期望值，然后一步一步地破坏这一期望值"。对于这样的

---

① 姚斯（Hans Robert Jauss，1921—1997）：德国文艺理论家、美学家，接受美学的主要创立者和代表之一。——译者注

作品，要像铭刻分节点那样去深刻认识，看一看鉴赏者是怎样从中得到满足，而读者的期望值又是如何被破坏的，姚斯是从这一认识的历史和文学鉴赏的历史角度进行构思的。

"这样，根据假设公众对作品的反响程度，便重新构成了作品新的期望值，从而最终确定了这一作品的艺术风格。如果把已经存在的期望值和新作品（一旦接受这一作品，否定以往的感受，或者初次意识到新的感受，都有可能引起'期望值的变化'）之间的隔阂称作'美的距离'的话，那么，它一定来自于公众的反应和批评之中（可能是成功、赞同，也可能被拒绝或受到冲击），这一切也将会得到历史客观的评价。"

他把这一文学理论扩大到社会的层面，他认为"读书的经验中存在一种力量，它可以把人从概念化的生活实践中解放出来。读书的经验可以把对事物的新知觉强加给人。文学的期望值比历史上长期生活实践的期望值更高，这是因为它不仅能吸收实践的经验，而且可以预见没有实现的可能性，面向新的愿望、要求和目标，去扩大社会行为的活动范围，由此开拓未来的经验之路。"

姚斯的文学解读方法及其面向社会展开的方法使文学语言的结构增加了可靠性。正像已经论述过的那样，文学语言以具备形式的风格为动力,使作者能够充分地超越自我。那些用散文式的思考难以把握的事物用俳句或者和歌的形式一下子就可以表达出来。这类的例子经常可以从绝命诗中看到。因为语言的**形式**已经给作者设置了跳板。看上去并不明显,但是,原理上与此类似的现象早已存在,从和日常、实用语言相反的文学语言中可以看到。同样是散文式的叙述语言,但区别于日常、实用语言的文学语言在文章的**形式**与文体上被赋予了结构。在文学语言中,并不是先有认识然后才有表现。文学语言应该是先有表现的存在才能确定认识和把握的对象。具体来说,文学语言通过语句的推敲逐渐明确了所要把握和认识的对象的形式。理论上可以参照洛特曼(Iurii M. Lotman)在《结构诗学讲义》中提出的观点,他把艺术看作现实世界的典型,依靠典型创作对现实世界进行的认识和把握总是与传播和交流结合在一起(Iurii M. 劳特曼著,矶谷孝译,《文学理论与结构主义——文本的符号论研究》劲草书房)。

作者虽然书写的是**个体**语言,但文学语言却通过词和句子的深度及结构化超越了**个体**的表现。尽管文学语言的创作目标与**个体**语言是完全相同的,但是其表现并没有丧失**个体**的有机特性。正像已经明确的那样,这从唤起想象力的文学语言结构即所谓意象的层面来看也是如此。当文学语言的想象力在神话学和民俗学的读解中发挥作用时，**个体**的作者也通过时间和空间把丰富多样的集体想象力与之相结合。面对装备了电脑的统治结构的语言堡垒，**个体**的语言要坚韧不拔地制定出文学语言的战略。

对照荒诞现实主义的意象体系时，我们能够通过这种文学语言认识到绝不孤立的**个体**语言的结构性特征。前面已经探讨过，荒诞现实主义的意象体系证明了文学是**从世界物质/肉体的根源中分离的、与孤立地躲在个人世界中的一切活动相对立的语言结构**。

我阐述了通过文学语言创造出真正处于边缘的日本人的典型，然后，按照这一典型进行构思。文学语言的典型创造应该更加广泛、更加具体，如果充分地从意识深处进行构思的话，就会产生出创作典型的丰富契机。**文学的期望值比历史的长期生活实践的期望值更优越**，姚斯的这一命题可以理解为：从**没有实现的可能性**中，文学语言也能创造出丰富的典型，这种创作并不局限于**社会行为的活动范围**，还可以反复尝试**未来**典型的创作。也无须停留在眼前世界的典型上，应该从劳特曼的观点出发，扩大视野，创作出新的世界的典型。

尤其是有关核时代的各种**未来**体验，为了检验完全可能发生的人类灾难，我们有理由通过文学语言的典型进行体验，特别是对于有关核能发电引起的大规模的环境破坏。个体通过文学语言创作出了现实社会的典型，除了当事人的信息语言能够分解文学语言的典型的情况外，统治结构是不能作为局外人的臆测把它排除。结合核能发电的课题及一切有关核时代的**未来体验**，我有理由提出对文学语言典型的限制。这是因为受到核时代危害的当事者们，对于他们自身**未来体验**的认识并不充分。

正因为如此，当今的文学作者应该针对核时代的**未来体验**，不断创作出**个体**的典型，重新引发读者的**期望**，以唤醒人们对核时代悲剧的认识。为此，小说这一文学语言是有效的，文学语言在各个层面上被分节化的结构所拥有的力量保证了它的有效性。不论是作者还是读者，他们共同拥有了创造性的经验，那就是要不断地从方法上去理解文学语言。不论未来如何，真正把应该共同拥有的**未来体验**当作个体的体验，这也是我们生活在这个时代的手段。小说是从整体上激活人类的各种要素的语言装置，通过这一装置活跃起来的人类，不能光停留在文学领域，还要制定出想象力的战略，迈向**未来体验**的整体，引用曼的说法就是**迈向未来的人性**。

怎样写？写什么？

我于1977年末至1978年初创作了《小说的方法》。记得是在一个比较短的时间内集中写完的。令我记忆最深的是在写作的过程中扭伤了腰，无法坐在桌前，即使坐在扶手椅上，在膝盖上放一块画板书写也很困难，所以，整个身体只能趴在床上写作，那是一种非常奇妙的感觉。

对我来说，这本《小说的方法》的创作前后是我文学生涯中的转折点，现在找出年谱纪录看一下当时的情况便一目了然。1975年，我40岁时，法国文学研究专家渡边一夫逝世了。另外，山口昌男出版了《文化与双重含义》（岩波书店）。

现在想来，这两件大事在我的内心深处密不可分，对我触动很大。对我来说渡边一夫是我毕生的老师。虽然这样说，但我并没有跟随这位以拉伯雷为中心、全面研究法国文艺复兴时期文化的学者，做一名法国文学的研究学者。我总是以一个业余的精读者的态度，接触有关文化方面的书籍。

而且，为我确定这一基本方针的人就是渡边一夫。有一次，先生对我说：你打算脱离学术界的话，就必须确立一个自学的体系，这样，可以把焦点放在一个作家、一个思想家，或者一个流派上，各学两三年就可以了。我遵守了先生的教诲。

先生逝世以后，我一直遵循这个方针，可是我感到有一些茫然。这时，山口昌男以他渊博的学识写出的著作吸引了我。而且，很幸运我有机会直接和他交谈。应该说，我开始接触结构主义的年轻之父——俄罗斯形式主义就是直接受了山口先生的影响。从此，我自由地展开自己的理论之际，山口先生便成了我所依靠的最具魅力的老师。

1976年我在"墨西哥学院"得到一个职位，在墨西哥城生活了半年。那段时间，我一直在改写我的小说《替补跑垒员笔录》，其他时间则是在阅读从市中心的书店里买到的英文和法文的有关文化人类学方面的专著。同一时期居住在墨西哥城的某一位学者甚至写文章嘲笑我生活在封闭的环境里。

第二年我回到东京，一直参加以山口昌男、中村雄二郎、矶崎新、原广司、武满彻、一柳慧等人为中心的研究会。第二年出版了《小说的方法》。它实现了以山口昌男为媒介向巴赫金的理论，再通过拉伯雷的研究回到渡边一夫的大循环。第二年，我完成了《同时代游戏》。同时，与研究会的成员加上高桥康也和井上厦一行前往巴厘岛旅游，我感到自己进行了一次非常重要的总结——按照渡边一夫的体系来说，我进行了一次周期性的循环。

从那以后15年过去了。这期间，我完成了两项有关小说方法论的工作。一项是出版了《为了新的小说》（岩波新书），另一件事是在电视上作了系列讲座《文学再入门》（教材由日本广播出版协会出版），我把在《小说的方法》中连续思考的问题以通俗易懂的形式重复论述了一遍。之所以这样说，是因为《小说的方法》明显带有未认真考虑读者理解的问题，我只是把自己迫切需要解决的问题对照自己读过的小说以及研究专著集中写了出来。但是，我也感到《小说的方法》包括了几乎所有需要探讨的问题。

从我的小说来看，《同时代游戏》所具备的风格和后来创作的《M/T和森林的奇怪故事》的风格是相关联的。有关前者的风格和后者的故事以及小说的构成，我在"同时代图书馆"丛书中《M/T和森林的奇怪故事》的后记里有所说明。

"我一直想把自己出生和成长的四国丛林中的村庄里的神话与传说中独特的宇宙观、生死观写到小说里去。(省略)

"为了重新明确和认识从祖母那里听来的记忆深刻的神话和传说,创作小说的时候,我参考了巴赫金与山口昌男的理论。对于有关传说中祖母没有讲清楚的部分——对她来说,是那些意思不明的沉没于过去的黑影之中的细节——我从冲绳和韩国的民俗书志中寻找答案来重新认识,这样就把祖母漏掉的环节连接起来。(省略)

"这里,我所采用的叙述方法是在巴赫金与山口昌男的文体中,掺入冲绳和韩国的民俗书志的声音以及原来存在的祖母叙述的回声,这大概是一种扭曲变形了的复杂结构。经过长时间的劳累完成这部作品的时候,我已经非常明确地获得了创作下一部作品即《M/T和森林的奇怪故事》所需要的叙述方法。

"这一时刻,我终于明白了应该写什么。那就是在创作新作品时,把构思以及创作《同时代游戏》过程中确认的或新发现的事件、人物、象征写下来,这是早已确定的事情。于是,我专心致志地把回荡在耳边记忆和灵魂深处的祖母的叙述语气作为新的小说的叙述方法再现出来。"

　　《小说的方法》看起来就好像是仅供自己阅读的作品，一边罗列着急需解决的问题，一边忙于全身心地写作，为什么呢？那是为了从内在结构上重新把握完成了初稿、但又难于定稿的《同时代游戏》。否则，我不会把几年来一直持续的小说写作暂时搁置起来，把所有的时间都投入到小说理论的创作上去。我通常是在论述一个问题的过程中发现许多新问题，然后不断深入探讨下去。因此，我在写《为了新的小说》和《文学再入门》的讲义时，已经把问题的焦点集中到叙述方法上，**写什么的问题已经明确**了。

　　因此，有人说《同时代游戏》和《小说的方法》与后来发表的作品相比，只被少数人理解，我没有异议。不过，令我高兴的是这本书出版了十几年后，终于有一位四十岁出头的优秀作家写道：——《小说的方法》是一本令人振奋的书！

　　《小说的方法》出版后不久，我受到了两种批评。一种批评指出：小说（文学）研究有**方法**但没有**方法论**，这一攻击就是企图摧毁书中试图建立的方法论基础。我读了这位批评者的两种著作，要说作者的小说（文学）方法，两种书里分别都能模糊地看到。如果比较探讨这两种方法的话，也许就是作者所谓的方法论。之所以重复一些基础性的问题，是因为，这种令人费解的否定伴随着权威式恫吓语言反复出现的风潮，在日本一直存在着，而且还有一批身受其害的年轻人。

另一种批评来自站在社会主义现实主义文学观立场的人，他们指出《小说的方法》没有论及**写什么**。如果对方从开始读到最后一章的话，不知他是否会同意我的意见，我感觉书中过多地论述了写什么。而且，我还发表了与这本书同时写的小说。表明这一时期我是把**写什么**作为一个具体而重要的问题来对待的。

在此，我想指出写什么是每个新作家的自由。有关怎样写的方法可以提出自己的观点，但是，干涉或者指导别的作家写什么，我认为是非文学性的越权行为。

虽说如此，我愿再一次把这本书献给年轻的读者，同时，我也有一个美妙的梦想，对于我提出的怎样写，读者会通过创作自己的作品来回答我。如何把**怎样写**与**写什么**创造性地结合在一起呢？前者产生后者，后者也会决定前者。作为一个长期写小说、读小说的人，我不会怀疑这个梦想的新鲜含义。

一九九三年一月

译后记

《小说的方法》是大江健三郎创作转折期的一部文学理论著作。1978年作为"岩波现代选书"之一由岩波书店出版。那是日本广泛译介外国文化理论的时期，正如大江在《大江健三郎口述自传》（许金龙译，新世界出版社，2008年4月）中所讲的那样，"在我的一生中，那是一段最好的时期，是进入由文学理论与具体的文学以及作家和诗人们融汇而成的整体里去，并且经历了沸腾一般的邂逅相识的最好时期"，此书也成为读者关注的对象。《小说的方法》是大江吸收借鉴结构主义美学、人类文化学等欧美文化理论，运用俄罗斯形式主义、想象力、陌生化、戏仿等，研究文学方法的一部文学理论著作。从中可以看出他把文学作为方法思考人类未来的轨迹。大江在后记中记述了写作《小说的方法》的目的。那是为修改小说《同时代游戏》所做理论探索的结晶。所以，《小说的方法》对于理解大江健三郎的文学世界具有重要的意义。1993年,《小说的方法》收入岩波"同时代图书馆"系列丛书，1998年作为"特装版岩波现代选书"再版。2000年，大江健三郎亲自把《小说的方法》选入中文版《大江健三郎自选集》之中。

我记得最初接受翻译《小说的方法》的任务是在2000年4月下旬。这是我留学回国后接受的第一个文学翻译工作。当时，担任中文版《大江健三郎自选集》编委的许金龙和王中忱两位先生找到我，向我介绍了为配合大江健三郎先生访华，河北教育出版社计划翻译、出版《大江健三郎自选集》，并且，让我承担《小说的方法》的翻译任务。我很痛快地答应了，我为自己能够翻译大江先生的作品感到自豪。但是，开始翻译工作之后，为自己的冒然承诺感到后悔。大江的文章实在是太难理解。大江先生在后记中也说:"《同时代游戏》和《小说的方法》与后来发表的作品相比，只被少数人理解"，"《小说的方法》看起来就好像是仅供自己阅读的作品"，"我通常是在论述一个问题的过程中发现许多新问题，然后不断深入探讨下去"。《小说的方法》内容丰富，文章艰涩难懂。大江先生精通法语和英语，博古通今，对于文学语言有着独特的感受，许多"陌生化"的句子，大量的世界各国文学事例（不仅是欧美文学，甚至非洲某国不甚有名的作家，太平洋岛国的文学，都有涉及），让我难以应付。通过翻译《小说的方法》，使我切身体会到大江文学世界的博大精深。

　　翻译《小说的方法》的日日夜夜，至今记忆犹新。为迎接大江先生9月份访华，翻译出版的时间很紧，翻译工作压力很大。所以，那一年的"五一劳动节"，我确实是在翻译工作中度过的。筒子楼里的居住环境很差，在狭小的空间中，在夜深人静时，为《小说的方法》中的文章而冥思苦想，奋笔疾书。那时因特网还未普及，为核对文学作品的书名、人名和引文，经常跑图书馆。为了使我能够尽快完成翻译任务，妻子给了我最大的支持。不仅家务活她全包了，还帮我誊写译稿，遇到读起来不通顺的句子，她还和我一起斟酌。尽管，我在翻译过程中，投入了很大的精力，但是，由于时间紧，加之我对大江文学研究不深，译文中不免留下一些遗憾。我很感谢金城出版社，这次出版大江健三郎作品集，给了我一次翻译修订的机会。

　　中文版《小说的方法》2001年出版至今将近二十年，其间，2008年台湾麦田出版了繁体字版，收入王德威主编的"麦田人文"丛书之中。由吕淳钰校阅的麦田版《小说的方法》增加了西文的人名、书名，修改了一些错译、误译的语句，使译文更加完善。在此，我要感谢吕淳钰女士。但是,为了符合台湾读者的阅读习惯,麦田版《小说的方法》中,有许多固有名词(例如人名、书名等)和句子结构被改成了台湾式的中文,不太适合大陆读者的阅读习惯。这次翻译修订过程中,参考了吕淳钰校阅的文本,重译了一部分译文,增加了西文的人名、书名和注释,使《小说的方法》的翻译文本更加精确。然而,翻译是遗憾的艺术,译文中还会有一些不够完善的地方,我期待新版读者对《小说的方法》的译文批评指正。

王　成

2010 年 11 月 11 日

中央编译出版社版《小说的方法》译后记

今年夏天，在清华大学图书馆报告厅举办了一场题为"大江健三郎与世界文学"的学术报告。大江健三郎研究者、东京大学名誉教授小森阳一围绕《万延元年的足球队》展开的精彩讲演，令人耳目一新。在日本文学研究领域，小森阳一曾经是后结构主义时代"文本研究"与"文化研究"的引领者。他对大江健三郎文学的解读，重点强调了历史认识与小说语言的关联。我受讲座主持人王中忱教授邀请作现场讲评。于是，讲述了 2000 年秋天我们一起参加"21 世纪日本学研究的方法"国际研讨会的经历。这次研讨会邀请大江健三郎先生作基调讲演。因为是大江先生获得诺贝尔文学奖之后第一次来中国，引起很大轰动，所以记忆犹新。大江先生在这次研讨会上演讲的题目是《一个日本作家的现实性——日本文学是否可以成为世界文学》。大江先生在讲演中强调：用"能够翻译的日语"写作，即使其中有意识地导入"暧昧性"的语言也可以翻译，这是他长期不变的雄心。"大江健三郎与世界文学"这个题目回应了大江先生的提问，小森先生认为：通过翻译被广泛阅读，获得诺贝尔奖的国民文学就是世界文学。大江健三郎从1957年用日语发表小说开始，就将自己的小说世界定位在与日本国宪法第九条的关系之中，并主动地拥抱"世界文学"。我在讲评中指出，大江先生所说的"翻译"不仅仅是翻译成外文，像小森阳一先生这样的研究者所作的解读也是"翻译"的一种。从小森先生的大江文学研究中，可以看出语言学与历史研究相结合的方法论意识，这也许是大江文学引发的日本文学研究范式的变化。本来我还要提到大江先生在那次讲演中特意表达了对小森阳一教授的赞许。大江先生是这样说的：在传统守旧的学者依然占多数的日本文学研究领域，他是一个风格自由开放，具有难得的科学思考和方法的学者。这句话使我联想到大江先生在《我的小说家修炼法》中，回忆创作《小说的方法》时，批判日本文学界的那段话。"那是一个文学研究者和评论家主张小说有方法但没有方法论，认为靠自己的力量毕生都不能确立方法论的时代。这样的奇谈怪论至今不是还在持续吗？"把这两段话联系起来看，就可以理解大江先生创作《小说的方法》的初衷。那不仅是他一直强调的为自己的小说创作寻找理论根据，而且是挑战漠视小说方法论的保守的日本文学研究者和评论家。他认为，阅读和思考时应该意识到方法论，甚至应该按照方法论进行阅读和思考。作家如果不去探索方法论，评论家也解读不出作家的方法论。

大江健三郎是一个非常重视文学理论和方法的作家。用他的话说，《小说的方法》是综合性论述自己身为作家的文学经验和阅读经验而形成的文学理论。他的理论文本为读者理解现代文学提供了参考。《小说的方法》作为岩波书店的丛书系列"岩波现代选书"的第一册出版也具有标志性意义。这套丛书是上世纪末，日本读书界在学术和艺术领域，重新审视传统的思想，探讨新的方法，修正欧洲中心主义的"近代史观"，摆脱单纯接受海外思潮的巢臼，探寻"现代"知识体系的新尝试。创作于1977—1978年的《小说的方法》是作家大江健三郎学术探索的成果。他把作家的经验与当时流行的文化理论进行对比，广泛涉猎20世纪世界文学，借鉴俄罗斯形式主义的理论，通过分析想象力、文体、构思，把同时代的现状纳入文学的场域，使文学的阅读与书写结构化。正如大江所言，《小说的方法》包含了几乎所有需要探讨的问题。《小说的方法》成为大江文学理论的代表作。

1993年《小说的方法》被收录在岩波书店"同时代图书馆"系列丛书之际,大江先生新写了一章《怎样写?写什么?》,作为后记,回应了读书界对《小说的方法》的批评。"《小说的方法》明显带有未认真考虑读者理解的问题,我只是把自己迫切需要解决的问题对照自己读过的小说以及研究专著集中写了出来。"(《怎样写?写什么?》)大江先生解释短时间写出来的这本理论著作是为了自己创作小说《同时代的游戏》提供理论依据。当然,在文学批评与研究领域,如何对作家的自我言说进行客观的判断,这是一个难题。

《小说的方法》已经成为经典。在日本,1998年,作为"岩波选书特装版"出版的《小说的方法》被称为"复活的名著"。在中国,2000年,《小说的方法》被编入《大江健三郎自选集》中,作为"参与世界文学之一环的亚洲文学"理论著作呈现在中国大陆读者面前。从此以后,中国大陆的大江健三郎研究大多数都引用这个文本。2008年,繁体字版的《小说的方法》收录在台湾麦田出版的"麦田人文"丛书之中,受到繁体字版读者的青睐。2011年,修订后的译文收录在金城出版社的《大江健三郎精选文集》中,作为"诺贝尔文学奖得主大江健三郎创作转型期的文学理论著作"呈现给中文读者。这是中文世界唯一一个《小说的方法》的译本。

2011年到现在又过去了八年，我从邂逅大江先生和他的作品也过去了将近二十年。这期间，通过阅读与翻译缓慢地理解和接近大江健三郎和他的文学世界。有时觉得离得很近，有时觉得遥不可及。但总能够从他那里获得力量。

中国的大江健三郎研究方兴未艾，近年来大江健三郎作品的翻译持续出版，研究论文、专著也陆续出版，年轻学者纷纷选择大江健三郎及其文学作为研究对象。今年三月，"大江健三郎文学研究中心"在鲁迅故乡绍兴的浙江越秀外国语学院成立。由人民文学出版社编辑的《大江健三郎文集》也即将出版。中国的大江健三郎研究进入新的时代。正如大江先生不断阐述他的文学理念与文学方法那样，我们作为读者阅读和理解他的作品也没有止境。

为中文读者提供一个更加完善的《小说的方法》译本是我的心愿。近几年在阅读和研究大江健三郎作品的基础上，为中央编译出版社重译修订了《小说的方法》。感谢中央编译出版社的朱瑞雪编辑为本书出版付出的心血，衷心期望读者的批评指正。

王 成

2019年9月5日 于清华园